U0829245

全国“八五”普法推荐用书

“八五”普法
案例教程

法规应用研究中心 / 编
韩璐玮　王紫晶　王　熹 / 著

中国法制出版社
CHINA LEGAL PUBLISHING HOUSE

编辑说明

2021年6月，中共中央、国务院转发了《中央宣传部、司法部关于开展法治宣传教育的第八个五年规划（2021－2025年）》的通知，强调主要目标是，到2025年，公民法治素养和社会治理法治化水平显著提升，全民普法工作体系更加健全。公民对法律法规的知晓度、法治精神的认同度、法治实践的参与度显著提高，全社会尊法学法守法用法的自觉性和主动性显著增强。多层次多领域依法治理深入推进，全社会办事依法、遇事找法、解决问题用法、化解矛盾靠法的法治环境显著改善。全民普法制度完备、实施精准、评价科学、责任落实的工作体系基本形成。

案例是最生动的普法教材，人们通过案例能更具体地了解法律在生活中的适用，从而能够运用法律，指导生活。

不同于以往的普法读本，本书具有以下特色：1. 体系完整。紧密结合“八五”普法学习重点，以社会主义法律体系为纲要，覆盖我国所有基本法律。2. 形式新颖。采取以案说法的形式，用生动的语言，通过案例点评普及法律知识。3. 内容务实。收录与公众生产生活息息相关的典型案例，重点关注民生、经济、社会管理等方面。

本书共分为宪法、行政法篇；民法典篇；知识产权篇；商法篇；经济法篇；社会法篇；刑法篇；程序法篇8篇，涵盖了生活中常用的最新法律法规知识要点。

本书不仅适合作为“八五”普法的培训学习教材，也适合作为日常生活的法律指南，让您在生动真实的案例中获得法律指导以及解决纠纷的良策。

编者

简　目

宪法、行政法篇

民法典篇

知识产权篇

商 法 篇

经济法篇

社会法篇

刑 法 篇

程序法篇

目　录

宪法、行政法篇

民法典篇

知识产权篇

商法篇

经济法篇

社会法篇

刑法篇

程序法篇

宪法、行政法篇

宪法作为国家的根本大法，具有最高法律权威和最高法律效力。它不仅规定了国家性质、国家政权组织形式以及国家的结构形式等基本宪法制度，而且以最高规范的形式对公民的基本权利进行了确认和表述，如公民有平等权，有选举权和被选举权，有言论、出版、集会、结社、游行、示威的自由，有宗教信仰自由，有批评、建议、申诉、控告、检举的权利，有劳动、休息、受教育的权利等。宪法最核心的价值在于，它是公民权利的保障书。为了增强全社会的宪法意识，弘扬宪法精神，加强宪法实施，全面推进依法治国，2014 年 11 月 1 日第十二届全国人民代表大会常务委员会第十一次会议决定，将 12 月 4 日设立为国家宪法日。公民只有充分了解自己享有哪些基本权利，才能在权利受到侵犯时充分运用法律武器保护自己的合法权益。

行政法泛指有关国家行政管理的法律、法规。行政主体的行政行为，如行政许可、行政征收、行政给付、行政裁决、行政处罚、行政强制等，大部分都是以行政相对人为对象实施的，从而与行政相对人之间产生行政关系。行政活动领域已经扩展到了社会生活的各个方面，与公民的生活息息相关。

行政相对人应当自觉遵守行政管理的法律、法规，不得实施危害他人利益和公共利益的违法行为，同时也可以以行政法为依据，监督行政主体依法行政、防止行政权力被滥用。公民、法人或其他组织可以通过对行政行为的监督权（如检举权、控告权），行政权行使过程中的参与权（如知情权、要求听证权），特别是对违法行政行为提起复议权、诉讼权和要求赔偿权，来保护自己的合法权益。

本篇旨在通过案例对宪法和几部重要的综合性行政法律如《行政许可法》《行政处罚法》《行政复议法》《国家赔偿法》进行简单介绍，帮助读者了解公民所享有的基本权利，以及在与行政机关打交道时应当注意的问题。

一、宪　　法

案例1：法律面前，人人平等

——李某诉南宁某公司就业歧视案

案　情

李某通过了南宁某公司手机售后维修岗位的面试。该公司通知其携带有关材料及体检报告到公司办理入职手续。南宁某公司在查看李某体检报告单时发现其是乙肝病毒携带者，之后以李某体检结果不符合公司要求为由拒绝聘用李某。虽然李某一再解释自己肝功能正常，但该公司还是拒绝聘用李某。无奈之下，李某将南宁某公司诉至法院。庭审中，该公司当庭表示愿意聘用原告为手机售后维修人员。

法院认为，原告虽系乙肝病毒携带者，但其应聘的工作岗位系手机售后维修工作，并非国家法律、行政法规和国务院卫生行政部门所确定的乙肝病毒携带者禁止工作的种类范围。因此被告以原告系乙肝病毒携带者为由拒绝聘用的行为违反了我国法律规定，侵犯了原告的平等就业权利。虽被告当庭表示愿意聘用原告，但不能改变其已实施侵权行为及该行为给原告造成精神损害的事实。结合被告的主观过错大小、侵权行为的情节、不良影响的范围及原告受损害程度等因素，并考虑到被告当庭认识到错误及愿意聘用原告，采取了停止侵权、消除影响等积极措施，判决南宁某公司书面向李某赔礼道歉，并赔偿李某精神损害抚慰金3000元。

评 析

乙肝病毒携带者遭受的歧视是方方面面的，如许多被查出大、小三阳的大学生被学校剥夺了受教育权。本案涉及乙肝人群的平等权。

《宪法》第33条第2款规定："中华人民共和国公民在法律面前一律平等。"平等权要求在公民所有的权利和自由实现过程中，都能够得到平等对待和平等保护，不得因血缘、籍贯、身高、疾病、宗教信仰等进行歧视。南宁某公司以李某是乙肝病毒携带者为由，而不是根据其工作能力和个人实际表现拒绝录用他，这就是歧视。

2008年1月1日起施行的《就业促进法》第30条规定，用人单位招用人员，不得以是传染病病原携带者为由拒绝录用。但是，经医学鉴定传染病病原携带者在治愈前或者排除传染嫌疑前，不得从事法律、行政法规和国务院卫生行政部门规定禁止从事的易使传染病扩散的工作。2015年4月24日修改的《就业促进法》对此未作修改。与其配套实施的《就业服务与就业管理规定》第19条第2款规定，用人单位招用人员，除国家法律、行政法规和国务院卫生行政部门规定禁止乙肝病原携带者从事的工作外，不得强行将乙肝病毒血清学指标作为体检标准。这些法律规定为乙肝病毒携带者平等就业权的实现提供了有力保障。

案例2：公民的批评建议权的保护

——王某举报公务员考试作弊遭刑事拘留事件

案 情

某省图书馆职员王某多次写信和发帖举报其大学同学马某在某市公务员招考中作弊。后王某被某市公安局某区分局民警以其涉嫌诽谤罪为由带走并遭到刑讯。后某市市委、市政府责成某市有关部门对某区公安分局刑事拘留王某案进行依法审查。审查结果认为，某区公安分局在办理王某案件中存在过错，将本应属于自诉法律程序的案件按照公诉案件办理，属于错案。某区公安分局遂对王某解除刑事拘留。

评 析

《宪法》第41条规定：“中华人民共和国公民对于任何国家机关和国家工作人员，有提出批评和建议的权利；对于任何国家机关和国家工作人员的违法失职行为，有向有关国家机关提出申诉、控告或者检举的权利，但是不得捏造或者歪曲事实进行诬告陷害。对于公民的申诉、控告或者检举，有关国家机关必须查清事实，负责处理。任何人不得压制和打击报复。由于国家机关和国家工作人员侵犯公民权利而受到损失的人，有依照法律规定取得赔偿的权利。”对国家机关和国家工作人员的批评建议权，不仅是公民监督政府工作、行使政治权利的重要途径，也是《宪法》第 35 条规定的表达自由的权利的具体体现。因此，政府应依法保障公民的批评建议权，不能动辄以诽谤罪来定性公民的申诉、控告或者检举。

二、行政许可

案例3：行政许可属于依申请的具体行政行为

——卢某诉某市酒类管理部门行政许可案

案情

2005年6月7日卢某经某市酒类管理部门批准，在领取《酒类经营许可证》后，开始在酒店内从事酒类经营活动。2005年12月25日，酒类管理部门制定并下发了2006年换发《酒类经营许可证》的相关文件。文件明确了办证的原则、范围、条件、程序和时间等。后来，酒类管理部门对酒类经营户所持的《酒类经营许可证》进行检查时，因卢某未按规定换证，故责令其停止经营。原告卢某诉称其向被告酒类管理部门提出过办证申请，但被告未作答复。被告辩称原告没有向酒类管理部门提出过书面申请。

经法院认定，原告只就有关办证问题进行过咨询，而并未向被告提出过办证申请，其诉讼请求不成立，因此法院判决原告败诉。

评 析

行政许可是指行政机关根据公民、法人或者其他组织的申请，通过颁发许可证、执照等形式，经依法审查，赋予其从事某种活动的法律资格或实施某种行为的法律权利的具体行政行为。由此可知，行政许可是一种典型的依申请的具体行政行为。

根据《行政许可法》第29条规定："公民、法人或者其他组织从事特定活动，依法需要取得行政许可的，应当向行政机关提出申请。申请书需要采用格式文本的，行政机关应当向申请人提供行政许可申请书格式文本。申请书格式文本中不得包含与申请行政许可事项没有直接关系的内容。申请人可以委托代理人提出行政许可申请。但是，依法应当由申请人到行政机关办公场所提出行政许可申请的除外。行政许可申请可以通过信函、电报、电传、传真、电子数据交换和电子邮件等方式提出。"申请行政许可时应注意以下几点：

（1）较为常见的申请行政许可方式是提出书面申请，此外，申请人还可以向具备接受条件的行政机关，通过电报、电传、传真、电子数据交换和电子邮件等方式提交申请。虽然行政许可法对公民、法人或其他组织可否口头提出行政许可申请未作明确规定，但一般情况下，作为行政机关与行政管理相对人之间的行为，宜通过书面方式进行。

（2）申请人可以亲自到行政机关办公场所提出申请，也可以委托代理人提出，不必都由申请人到行政机关办公场所提出书面行政许可申请，但一些与个人面貌特征相关、依法需要申请人亲自到行政机关场所提出申请的行政许可，申请人应当亲自去申请。

（3）申请人申请行政许可，应当如实向行政机关提交有关材料和反映真实情况，并对其申请材料实质内容的真实性负责。

（4）公民、法人或者其他组织在提出行政许可申请时，应注意索要受理凭证或者不予受理的凭证，以便保护自己的权利。本案中，原告诉称被告不核发经营许可证，但没有举出曾提出过申请的证据，因而承担败诉的结果。

案例4：行政机关作出行政许可前应正确履行告知义务

——苗某不服某市规划局颁发《建设用地规划许可证》案

案 情

苗某因对某市规划局颁发的《建设用地规划许可证》不服，向市政府申请行政复议。苗某认为，市规划局在苗某拥有商铺房屋所有权的情况下，仅根据第三人商铺出让人即原开发商的申请就将原商业用地改为商住用地，并为第三人颁发了

《建设用地规划许可证》，该行为侵犯了苗某的知情权，属于没有履行告知义务，应予撤销。

市规划局认为，其已在本机关网站上对该建设项目进行了批前公示，履行了公示告知的义务，符合《行政许可法》的有关规定。

行政复议机关认为，市规划局在颁发《建设用地规划许可证》前，已在其网站上对该建设项目进行了批前公示。此作法是本市规划行政许可审批前进行告知的通常做法，应视为规划局履行了告知利害关系人的义务。规划局审查第三人提交的材料、进行网上批前公示，颁发《建设用地规划许可证》的具体行政行为合法、适当。行政复议机关维持了该发证行为。苗某向法院提起行政诉讼，法院终审维持了原具体行政行为。

评 析

在审查行政许可申请的过程中，申请人的主张及其依据都已经反映在申请材料中。从申请人角度而言，为了取得行政许可，其申请书及申请材料主要是用来证明其具备取得行政许可的法定条件，不会或者很少会反映第三人的合法权益。但是，有的行政许可事项往往涉及第三人的重大利益。因此，《行政许可法》第36条规定："行政机关对行政许可申请进行审查时，发现行政许可事项直接关系他人重大利益的，应当告知该利害关系人。申请人、利害关系人有权进行陈述和申辩。行政机关应当听取申请人、利害关系人的意见。”

但该条没有明确规定行政许可申请审查过程中将行政许可事项告知利害关系人的方式。在实际工作中，行政机关能够知悉利害关系人的，可以直接向利害关系人转送行政许可申请书及申请材料；涉及不特定多数人或者公共利益的，行政机关可以采取将行政许可申请及申请人的材料予以公告等方式。因此，本案市规划局在颁发《建设用地规划许可证》前在其网站上进行了批前公示，在现有法律、法规没有作出明确规定的情况下，可以视为其已履行了《行政许可法》第36条的告知程序。

案例5：特定情形下行政许可申请人、利害关系人享有要求听证的权利

——某电力公司环境保护许可听证案

案情

某电力公司于2014年2月开工建设一架空输电线工程。该工程线路共涉及12个单位。但是该工程在开工之前，并未进行环境影响评价，根据当地居民投诉，市环保局经调查，于2014年6月8日作出《关于限期补办环保审批手续的通知》，认定电力公司该工程未办理环保审批手续，属违法开工建设，责令

其立即停止违法行为，并限期在30日内补办环保手续。7月7日，当地某区居民正式将名为“强烈要求召开听证会”的信递交市环保局，正式向行政职能部门提出召开听证会的要求。7月9日市环保局受理了电力公司报送的《工程环境影响报告书》，并于8月3日正式向该区居民代表发出《环境保护许可听证会通知书》。8月13日，听证会公开举行，听证的内容主要是该输电线路是否会对周边的单位和居民造成电磁辐射污染和不良影响。

评析

《行政许可法》第47条规定：“行政许可直接涉及申请人与他人之间重大利益关系的，行政机关在作出行政许可决定前，应当告知申请人、利害关系人享有要求听证的权利；申请人、利害关系人在被告知听证权利之日起五日内提出听证申请的，行政机关应当在二十日内组织听证。申请人、利害关系人不承担行政机关组织听证的费用。”

“直接涉及申请人与他人之间重大利益关系”的行政许可主要包括以下几种情形：（1）多人同时竞争的有数量限制的行政许可；（2）给予申请人行政许可将直接影响其相邻权人、竞争对手甚至消费者重大经济利益、重大环境利益的规划许可；（3）建设用地许可等无数量限制的行政许可。

行政许可直接涉及申请人与他人之间重大利益关系的，行政机关在作出行政许可决定前应履行以下两项义务：一是行政机关至少应当在作出行政许可决定5日前告知申请人、利害关系人享有要求听证的权利；二是申请人提出听证申请的，行政机关即有义务组织听证。

关于听证程序，《行政许可法》规定，行政机关应当于举行听证的7日前将举行听证的时间、地点通知申请人、利害关系人，必要时予以公告；听证应当公开举行；听证主持人员与审查行政许可申请的工作人员分离；申请人、利害关系人可以提出证据，并进行申辩和质证；行政机关应当根据听证笔录作出行政许可决定。本案中，市环保局于行政许可决定作出前向社会公告了举行听证的决定，也专门向有关利害关系人送达了《环境保护许可听证会通知书》通知他们出席听证会，符合法定程序。

三、行政处罚

案例6：设定行政处罚和实施行政处罚的主体法定

——某超市违法罚款案

案 情

赵某带5周岁的女儿小英去超市购物。超市在显要位置张贴了“偷一罚十”的醒目警示牌。赵某带女儿在超市购物完毕，结完账后带着购买的商品正往外走，被超市保安人员拦住。保安人员指着小英手里拿的巧克力，质问道：“这盒巧克力你没有付钱吧?”赵某这才发现，小英趁自己不注意的时候抓了一盒巧克力在手上。赵某连忙道歉，并准备回收款台结账。保安人员指着“偷一罚十”的警示牌，要求赵某按照超市规定交纳罚款200元，否则将禁止其离开。赵某无奈，交纳了200元罚款，超市向其出具了罚款单。

评析

行政处罚对于行政相对人的人身或者财产权益具有不利影响，因而《行政处罚法》对行政处罚的设定和实施进行了严格规范。《行政处罚法》第4条规定：“公民、法人或者其他组织违反行政管理秩序的行为，应当给予行政处罚的，依照本法由法律、法规、规章规定，并由行政机关依照本法规定的程序实施。”根据该条规定，可以得出两个结论：

一是行政处罚的设定属于国家立法的范畴，必须遵守法定的立法权限，通过立法的形式完成。具体来说，行政处罚必须由有关国家机关通过法律、法规或者规章形式予以设定，上述国家机关不得通过法律、法规或者规章以外的其他形式设定行政处罚，其他任何机构则不得以任何形式设定行政处罚。

二是行政处罚的实施必须由有关国家机关或者组织依法进

行。根据《行政处罚法》相关规定，行政处罚的实施主体包括以下三种：（1）行政机关实施行政处罚。行政处罚由具有行政处罚权的行政机关在法定职权范围内实施。（2）授权实施行政处罚。法律、法规授权的具有管理公共事务职能的组织，可以在法定授权范围内实施行政处罚。（3）委托实施行政处罚。行政机关可以在其法定权限内委托符合法定条件的组织实施行政处罚。

本案中，超市作为民事主体，并非行政机关，也并非法律、法规授权或者接受行政机关委托的组织，因而其既不具备行政处罚的设定权，无权以店堂告示或者内部规章制度的形式设定罚款，也没有资格实施行政处罚，超市对赵某进行罚款的行为是违法的。

案例7：一事不再罚原则

——孙某超载运输被两次罚款案

案情

孙某驾驶着一辆超载货车运送一批货物从A省开往B省。在A省行驶时，被路政管理人员查获，并依照法定程序罚款200元，但未采取纠正措施。孙某驾驶超载货车继续行驶，当行驶到B省某县时，又被该县交通局路政管理人员查获。孙某一再声明，自己已经在A省被罚过款了，并出示了在A省被罚的罚单，但仍然被路政管理人员罚款200元。孙某不服，向该县人民法院提起行政诉讼。

评 析

《行政处罚法》第29条规定，对当事人的同一个违法行为，不得给予两次以上罚款的行政处罚。同一个违法行为违反多个法律规范应当给予罚款处罚的，按照罚款数额高的规定处罚。从而在罚款领域确立了一事不再罚原则。

所谓一事不再罚，是指对违法行为人的同一个违法行为，只能科处一次行政处罚，不得以同一事实和同一依据给予两次以上的行政处罚。行政处罚的“一事不再罚”原则，主要禁止两种情况：（1）对于只侵害一个社会关系的违法行为，同一个行政机关以同一事实和理由反复给予处罚；（2）对于只侵害一个社会关系的违法行为，由于管辖上的问题，使几个机关都拥有处罚权，在其中一个机关实施处罚后，其他机关又进行处罚。

在本案中，A省的路政管理人员对孙某驾驶超载货车运送货物的违法行为进行罚款处罚后，B省某县的路政管理人员再次给予其罚款处罚，构成了对“一事不再罚”原则的违反，原因是：（1）在整个违法超载运输货物的过程中，孙某实施的是一个违反交通运输管理秩序的违法行为，只不过一直处于持续状态，未因A省路政管理人员的处罚而及时得到纠正，在性质上应当属于“一事”。（2）虽然对孙某进行处罚的A省和B省交通管理部门都有权以自己的名义作出行政处罚，但这两个互不隶属的行政主体的行政处罚权都来自国家授权，只是国家设立在不同地区进行行政管理的代表机构，且其处罚的理由和依据也是完全一样的。因此县人民法院应当依法撤销该县交通局作出的行政处罚决定。

案例8：没有法定依据或者不遵守法定程序的行政处罚无效

——李某因不拆除违章建筑被行政处罚案

案情

2012年3月，李某经县城建、工商等部门协商批准，在该县南部农贸市场搭建了2间营业棚，但没有形成书面的批准手续。2018年5月，县城建局向李某发出拆迁通知，通知称：为实现城市建设总体规划，经县政府研究决定，改造危旧房，需拆迁你搭建的建筑，请于2018年8月前搬迁完毕。李某不服，未予理睬。县城建局于2018年9月作出行政处罚决定，决定中认定李某所建的简易房屋未办理正式的审批手续，属于违章建筑，限定他在9月30日前自行拆除。《行政处罚决定书》未引用任何法律规范，未提供处罚的法律依据，未告知当事人救济的权利和渠道。行政处罚作出之前，也没有听取李某的陈述和申辩。李某对行政处罚决定不服，向县人民法院提起行政诉讼。县人民法院作出判决，依法确认县城建局作出的行政处罚决定违法无效。

评 析

本案中，县城建局认定李某所建简易房屋属于违章建筑，并作出责令限期拆除的决定，是对违章建筑的法律制裁，从实质上看符合行政处罚行为的特征。但是，行政处罚是对公民、法人和其他组织合法权益具有不利影响的行政行为，其作出不仅要有事实依据和法律依据，还要严格遵循法定的程序。

《行政处罚法》第44条规定："行政机关在作出行政处罚决定之前，应当告知当事人拟作出的行政处罚内容及事实、理由、依据，并告知当事人依法享有的陈述、申辩、要求听证等权利。"第45条规定："当事人有权进行陈述和申辩。行政机关必须充分听取当事人的意见，对当事人提出的事实、理由和证据，应当进行复核；当事人提出的事实、理由或者证据成立的，行政机关应当采纳。行政机关不得因当事人陈述、申辩而给予更重的处罚。"对于违反上述程序的法律后果，《行政处罚法》第62条规定："行政机关及其执法人员在作出行政处罚决定之前，未依照本法第四十四条、第四十五条的规定向当事人告知拟作出的行政处罚内容及事实、理由、依据，或者拒绝听取当事人的陈述、申辩，不得作出行政处罚决定；当事人明确放弃陈述或者申辩权利的除外。”

本案中，县城建局的行政处罚决定严重违反了法定的行政处罚程序。根据《行政处罚法》第62条的规定，该行政处罚决定不能成立。当事人对于该行政处罚决定可以拒绝。县人民法院经过审查，依法作出确认行政处罚决定无效的判决是恰当的。

案例9：当场处罚的作出和执行要依照法定程序

——王某等非法聚赌被行政处罚案

案 情

根据上级统一部署，某县公安局广泛动员所辖派出所在全县范围内严厉打击非法聚赌活动。1月25日晚，有群众举报，某村村民王某在其家中召集了10多人进行赌博。某乡派出所接到举报后，立即组织力量前往王某家抓赌。派出所的人员进入王某家后，立刻收缴了桌上的赌具和赌资，派出所所长肖某同时宣布，所有参赌人员每人罚款50元，并下令当场收缴了罚款。

评　析

《行政处罚法》第51条规定了行政处罚的简易程序，又称当场处罚程序，即“违法事实确凿并有法定依据，对公民处以二百元以下、对法人或者其他组织处以三千元以下罚款或者警告的行政处罚的，可以当场作出行政处罚决定。法律另有规定的，从其规定”。本案中王某等非法聚赌的违法事实确凿，派出所依照法律规定对其处以50元罚款，符合简易程序的适用条件，是合法的。

但是在行政处罚的执行问题上，行政处罚法确立了罚缴分离制度，除《行政处罚法》第68条、第69条规定的情形外，作出行政处罚决定的行政机关及其执法人员不得自行收缴罚款。《行政处罚法》第68条规定，依照本法第51条的规定当场作出行政处罚决定后，有下列情形之一，执法人员可以当场收缴罚款：（1）依法给予100元以下罚款的；（2）不当场收缴事后难以执行的。第69条规定，在边远、水上、交通不便地区，行政机关及其执法人员依照本法第51条、第57条的规定作出罚款决定后，当事人到指定的银行或者通过电子支付系统缴纳罚款确有困难，经当事人提出，行政机关及其执法人员可以当场收缴罚款。因此当场收缴罚款的适用范围是有严格限制的。本案中参加聚赌的人员都是该乡的村民，居住地址固定，相互熟悉，显然不属于不当场收缴事后难以执行的情形。另外，该乡也不属于边远、水上或者交通不便地区，当事人向指定银行缴纳罚款客观上不存在难以克服的实际困难，当事人也没有主动提出将罚款直接交给行政执法人员。总之，从本案的情况看，不符合《行政处罚法》第68条、第69条规定的当场收缴罚款程序的适用条件。乡派出所当场收缴罚款是违法的，应当在向参赌人员出具《行政处罚决定书》后，由被处罚人自己到指定银行缴纳罚款。

四、行政复议

案例10："文件"也可能构成具体行政行为

——某企业不服某省环保局下发通知案

案 情

某省环保局根据相关法律、文件和省人民政府办公厅会议精神要求下发通知，要求对省内重点污染隐患实施严格管理措施，并在附表中列出了限期取缔某类污染严重企业以及要求限期治理的企业名单。某企业所在市、县环保局分别经当地政府批准，以文件形式转发通知，对所有该类企业的清理取缔工作作出了具体安排。某企业以对企业的取缔行为属行政处罚、应履行行政处罚程序为由提起行政复议，请求撤销省环保局通知附件中针对该企业的具体行政行为。

评 析

公民、法人或者其他组织认为具体行政行为侵犯其合法权益的，可以向行政机关提出行政复议申请。行政复议的适用范围是具体行政行为，不包括抽象行政行为和内部行政行为。因此，本案的焦点问题主要有两个：

（1）省环保局在通知附表列出限期取缔某类污染严重企业名单是否为具体行政行为。具体行政行为的内容应当是特定的，需要针对特定的人、特定的事作出特殊处理，并且对当事人的权利义务产生影响。特定的人既指作为具体行政行为载体的行政法律文书中明确提出的相对人，也包括虽然在行政法律文书中没有出现具体姓名或名称，但是根据实际情况能够直接确定的相对人。本案中，省环保局的通知附表中明确提出要限期取缔某类企业，并列出了企业名单，这将对申请人某企业的权利和义务产生实质性影响，应认定为具体行政行为。

（2）对违法企业的取缔清理是否应履行行政处罚程序。取缔从性质上看，应为行政处罚的一种，环保部门在作出行政处罚决定时，要严格按照法律规定的职责、权限和程序执法。本案中，环保部门以层层转发通知的形式对清理取缔该类污染严重企业作出统一要求，未依照《行政处罚法》的规定，履行立案、调查、取证、事先告知、作出决定等程序，剥夺了申请人依法应享有的陈述、申辩或听证等权利，属于程序违法。对这一问题应当通过行政复议程序予以纠正。

案例11：土地权属争议的复议前置和行政复议申请期限的认定

——某村民委员会不服某市政府颁发《国有土地使用证》案

案 情

某村民委员会以土地转让费支付未到位为由，于2017年12月对某市政府2008年10月20日为某投资公司颁发《国有土地使用证》的行为，向法院提起行政诉讼。法院于2018年12月作出裁定，以土地权属争议应当先申请行政复议为由驳回了村民委员会的起诉。村民委员会遂于2019年3月向某省政府申请行政复议。

村民委员会认为，争议土地属于该村集体所有，该土地的转让协议是乡政府与第三人签订的，市政府凭此协议为第三人颁发《国有土地使用证》，违反了法律规定，应当予以撤销。市政府认为，村民委员会提出的行政复议申请，超过了法律规定的申请期限，应当予以驳回。

经行政复议机关调解，村民委员会与第三人某投资公司就土地转让费余款的支付问题达成协议。随后，村民委员会撤回行政复议申请，行政复议机关作出终止行政复议决定。

评 析

本案主要涉及两个问题：

（1）土地权属争议的复议前置程序。《土地管理法》第14条规定：“土地所有权和使用权争议，由当事人协商解决；协商不成的，由人民政府处理。单位之间的争议，由县级以上人民政府处理；个人之间、个人与单位之间的争议，由乡级人民政府或者县级以上人民政府处理。当事人对有关人民政府的处理决定不服的，可以自接到处理决定通知之日起三十日内，向人民法院起诉。在土地所有权和使用权争议解决前，任何一方不得改变土地利用现状。”据此，土地权属争议的当事人必须先向行政复议机关申请行政复议，对行政复议决定不服再向人民法院提起行政诉讼。

（2）行政复议申请期限的认定问题。《行政复议法》第9条规定：“公民、法人或者其他组织认为具体行政行为侵犯其合法权益的，可以自知道该具体行政行为之日起六十日内提出行政复议申请；但是法律规定的申请期限超过六十日的除外。因不可抗力或者其他正当理由耽误法定申请期限的，申请期限自障碍消除之日起继续计算。”

根据《行政复议法实施条例》第15条规定，行政复议申请期限的计算，包括以下几种情况：①当场作出具体行政行为的，自具体行政行为作出之日起计算；②载明具体行政行为的法律文书事后送达的，自受送达人签收之日起计算；③载明具体行政行为的法律文书邮寄送达的，自受送达人在邮件签收单上签收之日起计算；没有邮件签收单的，自受送达人在送达回执上签名之日起计算；④具体行政行为依法通过公告形式告知受送达人的，自公告规定的期限届满之日起计算；⑤行政机关作出具体行政行为时未告知公民、法人或其他组织，事后补充告知的，自该公民、法人或其他组织收到行政机关补充告知的通知之日起计算；⑥被申请人能够证明公民、法人或者其他组织知道具体行政行为的，自证据材料证明其知道具体行政行为之日起计算。

本案中，市政府颁证的时间是 2008 年，证是颁给第三人的，村民委员会不可能知道具体的颁证时间。村民委员会认为其 2017 年 12 月才知道颁证的事实，当时就向人民法院提起了行政诉讼，在人民法院裁定驳回后，立即向行政复议机关提出了行政复议申请。根据相关规定，公民、法人或者其他组织提起行政诉讼到法院生效判决送达之日的时间，不计入法定行政复议申请期限。因此村民委员会的行政复议申请未超过法定期限。

案例12：行政不作为认定分析

——某公司不服省工商局驳回行政复议申请案

案情

2018年4月18日，甲公司向某市工商局举报，请求查处乙公司的违法行为。7月18日，甲公司致电市工商局要求给予正式书面答复，该局工作人员回答："经本局法制科研究，认为举报人反映的问题属于股东之间的经济纠纷，不属于本局管辖范围。"甲公司认为市工商局不履行法定职责，对此不服，于7月22日向省工商局提出行政复议申请，请求责令市工商局履行职责。省工商局认为，市工商局已经将处理结果口头告知了甲公司，不属于不履行职责的不作为行为。9月11日，省工商局作出行政复议决定，驳回了甲公司的复议请求。

评析

本案双方争议的焦点是市工商局在履行职责过程中是否存在行政不作为。

简单来说，行政不作为是指行政主体及其工作人员以消极的行为方式违反行政作为的法定职责的行政行为。构成行政不作为必须具备三个条件：一是行政主体具有作为的法定职责；二是行政主体原本具有作为的可能性；三是行政主体最终没有履行法定职责。根据《行政复议法》第6条第8－10项的规定，行政机关未依法履行职责，构成行政不作为，属于行政复议的范围，行政相对人可以依法申请行政复议。

实践中，申请人认为行政机关不作为，一般基于以下理由：（1）在法定期限或合理期限内不予答复。行政机关在接到当事人的请求后不予答复，以及在行政程序开始之后一定期限内无任何结论性意见告知当事人，均可能构成行政不作为。（2）拒绝履行，即明确答复不履行，如行政机关在接到当事人的请求之后作出不予受理的决定。（3）部分履行，即行政机关没有完全履行法定职责。

行政复议机关在审理行政不作为行政复议案件中，要对被申请人是否具备相应法定职责进行审查，这是判断被申请人是否存在行政不作为的前提。本案中，甲公司举报要求市工商局查处乙公司的违法行为。经调查研究，市工商局认为甲公司反映的问题属于股东间的经济纠纷，不属于市工商局的职责范围，并已告知甲公司。也就是说，市工商局经审查已经排除了自己有此职权，而且已向甲公司作出答复，所以行政复议机关认为市工商局不构成行政不作为并无不妥。

五、国家赔偿

案例13：行政赔偿请求人的范围

——王某死亡申请国家赔偿案

案　情

王某酒后在某酒店酗酒闹事，砸碎店里玻璃数块。此时某区公安分局民警任某、赵某执勤路过酒店，任某等人欲将王某带回派出所处理，王某不从，与任某发生推搡。双方在扭推过程中，王某被推倒，头撞在水泥地上，当时便失去了知觉，在送往医院途中死亡，后被鉴定为颅内出血死亡。之后，王某之父申请国家赔偿。

评　析

行政赔偿是指行政机关及其工作人员违法实施行政行为，侵犯相对人合法权益造成损害时，由国家承担的一种赔偿责任。

《国家赔偿法》第3条规定："行政机关及其工作人员在行使行政职权时有下列侵犯人身权情形之一的，受害人有取得赔偿的权利：（一）违法拘留或者违法采取限制公民人身自由的行政强制措施的；（二）非法拘禁或者以其他方法非法剥夺公民人身自由的；（三）以殴打、虐待等行为或者唆使、放纵他人以殴打、虐待等行为造成公民身体伤害或者死亡的；（四）违法使用武器、警械造成公民身体伤害或者死亡的；（五）造成公民身体伤害或者死亡的其他违法行为。”根据该条规定，行政机关及其工作人员在行使行政职权时有造成公民身体伤害或者死亡的其他违法行为的，受害人有取得赔偿的权利。本案中公安民警在执行职务过程中与王某发生推搡致王某摔倒死亡，未尽到合理注意义务，其行为构成违法，符合国家赔偿责任的构成要件，王某虽也有过错，但不能免除国家赔偿责任。

关于行政赔偿请求人，《国家赔偿法》第 6 条规定：“受害的公民、法人和其他组织有权要求赔偿。受害的公民死亡，其继承人和其他有扶养关系的亲属有权要求赔偿。受害的法人或者其他组织终止的，其权利承受人有权要求赔偿。”本案中受害人王某死亡，其父亲作为第一顺序继承人，可以向行政机关提出国家赔偿要求。

案例14：国家不承担刑事赔偿责任的情形

——王某被逮捕申请国家赔偿案

案 情

毛某等4人到王某家追讨债务。王某见人多势众，遂打电话请求余某前来解围。余某随后纠集聂某等多人赶到王某家。其间，余某、聂某等与毛某等人发生争吵、打斗。打斗中，聂某挥刀乱刺，将毛某刺伤致死。

区公安分局以王某涉嫌故意伤害为由，将王某予以刑事拘留，区人民检察院以王某涉嫌寻衅滋事为由，批准对王某执行逮捕，并于当天执行。市人民检察院向市中级人民法院提起公诉，指控王某触犯刑法，构成寻衅滋事罪。在开庭后，检察院又向法院申请撤回起诉，法院予以准许。王某因犯罪情节显著轻微而被释放。

王某以自己被错误追诉，失去人身自由等为由，向区人民检察院提出刑事赔偿申请。区检察院随后作出不予赔偿的决定。王某又向市人民检察院申请复议，市检察院维持了区检察院的决定。王某又向市中级人民法院赔偿委员会提出赔偿申请，市中级人民法院经过审理后驳回了王某要求区人民检察院对其错误逮捕承担国家赔偿责任的申请。

评 析

根据《国家赔偿法》第 17 条第 2 项的规定，行使侦查、检察、审判职权的机关以及看守所、监狱管理机关及其工作人员在行使职权时有下列侵犯人身权情形之一的，受害人有取得赔偿的权利：对公民采取逮捕措施后，决定撤销案件、不起诉或者判决宣告无罪终止追究刑事责任的。

但《国家赔偿法》第 19 条同时规定了当事人被羁押后，国家不必承担赔偿责任的例外情形，主要包括：因公民自己故意作虚伪供述，或者伪造其他有罪证据被羁押的；依照《刑法》第 17 条、第 18 条规定不负刑事责任的人被羁押的；依照《刑事诉讼法》第 15 条、第 173 条第 2 款、第 273 条第 2 款、第 279 条规定不追究刑事责任的人被羁押的。

本案中王某因犯罪情节显著轻微而在羁押数天后被释放，符合依照《刑事诉讼法》第 15 条规定的“情节显著轻微、危害不大，不认为是犯罪”而不予追究刑事责任的人被羁押的情形。根据《国家赔偿法》第 19 条规定，尽管其被羁押，国家也不必赔偿。因而，市中级人民法院裁决驳回王某的赔偿请求显然是正确的。

六、治安管理处罚

案例15：民间纠纷引发的治安案件可以调解处理

——刘某因与李某达成调解协议被免予行政处罚案

案 情

刘某与李某为前后邻居。李某在自己家院子里建养鸡房，刘某以给自己生活造成影响为由进行阻拦，并将李某的推砖车推倒，双方发生争执，刘某上前打了李某几拳，李某正欲还手之际，双方即被人拉开。后李某经医院检查，诊断为头皮血肿、面部擦皮伤。派出所民警对双方当事人进行了调解，经调解，刘某愿赔偿李某医疗费、营养费共计800元，并立即将钱给了李某。派出所对刘某作出了不予处罚的决定。

评 析

《治安管理处罚法》第43条规定：“殴打他人的，或者故意伤害他人身体的，处五日以上十日以下拘留，并处二百元以上五百元以下罚款；情节较轻的，处五日以下拘留或者五百元以下罚款。有下列情形之一的，处十日以上十五日以下拘留，并处五百元以上一千元以下罚款：（一）结伙殴打、伤害他人的；（二）殴打、伤害残疾人、孕妇、不满十四周岁的人或者六十周岁以上的人的；（三）多次殴打、伤害他人或者一次殴打、伤害多人的。”本案中刘某殴打李某的行为即违反了该条规定。

考虑到本案的具体情况，刘某因不满李某建养鸡房而对其进行殴打，属于民间纠纷。因邻里民间纠纷引发的殴打行为与其他情形的打架斗殴，在行为性质、情节以及社会危害程度上显然有所不同。《治安管理处罚法》第9条规定：“对于因民间纠纷引起的打架斗殴或者损毁他人财物等违反治安管理行为，情节较轻的，公安机关可以调解处理。经公安机关调解，当事人达成协议的，不予处罚。经调解未达成协议或者达成协议后不履行的，公安机关应当依照本法的规定对违反治安管理行为人给予处罚，并告知当事人可以就民事争议依法向人民法院提起民事诉讼。”本案中刘某殴打李某的行为情节较轻，且刘某和李某经调解达成了调解协议并已经执行，因此派出所对刘某作出不予处罚的决定并无不当。

案例16：醉酒的人违反治安管理的，应给予处罚并采取保护性约束措施

——冉某、骥某、廖某醉酒后寻衅滋事案

案情

冉某、骥某、廖某是某公司同事，一日3人同去参加婚宴，酒宴后均酩酊大醉。3人行至某服装市场附近时，向一名外地货车司机挑衅，3人将司机拽下车后乱打一通，司机无奈报警。没想到，当110民警到达现场后，3名醉汉又与民警厮打起来，还咬伤了一名民警，随后民警将闹事者扭送到派出所，采取保护性措施约束他们。酒醒后，3名醉汉才发现自己在派出所里，他们对自己的行为均后悔不已，但仍然被公安机关给予治安处罚。

评析

冉某、骥某、廖某三人的行为违反了《治安管理处罚法》第26条的规定，即“有下列行为之一的，处五日以上十日以下拘留，可以并处五百元以下罚款；情节较重的，处十日以上十五日以下拘留，可以并处一千元以下罚款：（一）结伙斗殴的；（二）追逐、拦截他人的；（三）强拿硬要或者任意损毁、

占用公私财物的；（四）其他寻衅滋事行为”。

根据《治安管理处罚法》第 15 条第 1 款规定，醉酒的人违反治安管理的，应当给予处罚。醉酒的人是有责任能力的，他们并没有完全丧失辨认和控制自己行为的能力，而且行为人在醉酒之前应当能预见醉酒之后的行为，所以不能以醉酒为理由免除法律的制裁，因此公安机关对本案中的冉某、骥某、廖某依法给予治安管理处罚是正确的。

另外，根据《治安管理处罚法》第 15 条第 2 款规定，醉酒的人在醉酒状态中，对本人有危险或者对他人的人身、财产或者公共安全有威胁的，应当对其采取保护性措施约束至酒醒。公安机关约束醉酒的人时可以使用约束带和警绳，而不可以使用手铐、脚镣。约束的程度，以不伤害醉酒人为原则。约束过程中，应严加监护，一旦酒醒立即解除约束。公安机关在约束的同时，应尽快通知其所在单位和家属，由他们将醉酒的人领回看管。

案例 17：违法行为人主动归还盗得的财产，可以减轻或不予处罚

——王某盗窃手机后主动归还案

案 情

吴某隔壁宿舍的大学生王某（19 岁）进吴某宿舍玩时，见

宿舍没人，桌子上有一部正在充电的手机（折旧价值约700元），于是将手机放入自己衣袋后离开。吴某回到宿舍发现手机没有了，曾在周围宿舍询问，但未发现线索，遂于当天晚上在家长陪同下到派出所报案。回家过周末的王某在使用手机时被家长发现，遂于第二天主动与吴某家人联系，并归还了手机。最终公安机关裁决对王某不予处罚。

评　析

《治安管理处罚法》第49条规定："盗窃、诈骗、哄抢、抢夺、敲诈勒索或者故意损毁公私财物的，处五日以上十日以下拘留，可以并处五百元以下罚款；情节较重的，处十日以上十五日以下拘留，可以并处一千元以下罚款。"由于王某盗窃物品的价值较高，本应给予10日以上15日以下拘留，可以并处1000元以下罚款。但《治安管理处罚法》第19条规定："违反治安管理有下列情形之一的，减轻处罚或者不予处罚：（一）情节特别轻微的；（二）主动消除或者减轻违法后果，并取得被侵害人谅解的；（三）出于他人胁迫或者诱骗的；（四）主动投案，向公安机关如实陈述自己的违法行为的；（五）有立功表现的。"本案中，涉案人王某在作案后，其家人主动与被侵害人联系，送还手机，王某主动与吴某一起到派出所陈述事实，接受公安机关处理，符合《治安管理处罚法》第19条第2项和第4项的两种情况，应予减轻或不予处罚。

根据《公安机关执行〈中华人民共和国治安管理处罚法〉有关问题的解释（二）》中关于减轻处罚的适用问题的第4项规定，“规定拘留可以并处罚款的，在拘留的法定处罚幅度以下减轻处罚；在拘留的法定处罚幅度以下无法再减轻处罚的，不予处罚”。因此对王某可适用的处罚具有以下几种选择：（1）9日以下拘留，可以并处1000元以下罚款；（2）4日以下拘留，可以并处500元以下罚款；（3）不予处罚。对于具体案件如何适用减轻处罚，应从案件的性质、具体情节、社会危害后果以及坚持教育与处罚相结合的原则进行综合考量。但减轻处罚的适用幅度也不能随意放宽，应有一定的限制。处罚层次的减轻，最多以减轻两个层次为宜。对于在校生违法，执法实践中更是从宽掌握。公安机关本着重在教育的原则，在特殊情况下也可减轻三个处罚层次。经过对本案情节的综合考量，对王某的处罚可减轻至不予处罚。

七、政府信息公开

案例18：政府信息公开的范围及救济途径

——张某诉某县人民政府案

案　情

被告某县政府根据国务院关于城镇棚户区改造的政策精神，制定出台了关于某县棚户区改造的一系列指导性规定。某村被确定为该县城市棚户区改造范围之一，其中包括原告张某的宅基地和住房。张某与张甲系亲兄弟，同院落居住。张某未得到补偿安置，而张甲已与某村改造项目部签订了相关协议，张某认为张甲所签协议涉及争议房产，可能损害其合法权益，遂于2019年3月21日向某县政府提出申请，要求公开张甲与某村改造项目部签订的补偿安置协议。某县政府于2019年3月22日收到张某邮寄的《某县人民政府信息公开申请表》，在法定期限内未予答复，张某遂提起行政诉讼。

评　析

根据《行政诉讼法》第12条、第47条的规定，公民、法人或其他组织申请行政机关履行保护其人身权、财产权等合法权益的法定职责，行政机关在接到申请之日起两个月内不履行或者不予答复的，有权向人民法院提起诉讼。《政府信息公开条例》第36条规定："对政府信息公开申请，行政机关根据下列情况分别作出答复：（一）所申请公开信息已经主动公开的，告知申请人获取该政府信息的方式、途径；（二）所申请公开信息可以公开的，向申请人提供该政府信息，或者告知申请人获取该政府信息的方式、途径和时间；（三）行政机关依据本条例的规定决定不予公开的，告知申请人不予公开并说明理由；（四）经检索没有所申请公开信息的，告知申请人该政府信息不存在；（五）所申请公开信息不属于本行政机关负责公开的，告知申请人并说明理由；能够确定负责公开该政府信息的行政机关的，告知申请人该行政机关的名称、联系方式；（六）行政机关已就申请人提出的政府信息公开申请作出答复、申请人重复申请公开相同政府信息的，告知申请人不予重复处理；（七）所申请公开信息属于工商、不动产登记资料等信息，有关法律、行政法规对信息的获取有特别规定的，告知申请人依照有关法律、行政法规的规定办理。"本案中，某县政府对于张某申请公开他人的补偿安置协议，以其不属于申请公开事项的"履职机关""不属于政府信息公开的范围"为由，在法定期限内对申请未予答复，明显违反了上述法律规定，属于行政不作为。

本案争议的焦点为张某作为原告主体是否适格。《行政诉讼法》第 2 条第 1 款规定："公民、法人或者其他组织认为行政机关和行政机关工作人员的行政行为侵犯其合法权益，有权依照本法向人民法院提起诉讼。"《政府信息公开条例》第 4 条第 1 款规定："各级人民政府及县级以上人民政府部门应当建立健全本行政机关的政府信息公开工作制度，并指定机构（以下统称政府信息公开工作机构）负责本行政机关政府信息公开的日常工作。"第 15 条规定："涉及商业秘密、个人隐私等公开会对第三方合法权益造成损害的政府信息，行政机关不得公开。但是，第三方同意公开或者行政机关认为不公开会对公共利益造成重大影响的，予以公开。"第 32 条规定："依申请公开的政府信息公开会损害第三方合法权益的，行政机关应当书面征求第三方的意见。第三方应当自收到征求意见书之日起 15 个工作日内提出意见。第三方逾期未提出意见的，由行政机关依照本条例的规定决定是否公开。第三方不同意公开且有合理理由的，行政机关不予公开。行政机关认为不公开可能对公共利益造成重大影响的，可以决定予以公开，并将决定公开的政府信息内容和理由书面告知第三方。"根据上述法律、法规规定，某县政府负有政府信息公开的法定职责，对张某申请信息公开申请未依法作出相应答复，其不履行政府信息公开法定职责成立。某县政府的答辩理由缺乏事实和法律依据，其主张不能成立。某县政府应当对张某申请的政府信息公开事项作出答复。

案例19：对于政府信息公开的申请，行政机关应当在法律、法规规定的答复期限内予以答复

——朱某某诉某区人民政府信息公开案

案情

朱某某房屋所在地被征用并拆迁，为了解政府征地程序和补偿安置情况，2015年4月20日，朱某某通过邮政特快专递的方式向某区人民政府寄送了《政府信息公开申请书》，要求公开某区人民政府经批准的本轮土地利用总体规划等5项政府信息。某区人民政府于2015年4月22日收到该申请书后未予答复。2015年5月25日，朱某某以某区人民政府未依照其提交的政府信息公开申请书公开政府信息违法为由向法院提起行政诉讼。2015年5月29日，某区人民政府作出《某区人民政府关于某村3社朱某某政府信息公开申请书的答复》，并于同年6月1日将该答复及相关材料通过邮政特快专递的方式寄送给朱某某。朱某某在庭审中自认其于2015年6月2日收到了某区人民政府寄送的材料，但未收到上述答复。

评析

法院认为，《政府信息公开条例》（2008年）第24条第2

款规定：“行政机关不能当场答复的，应当自收到申请之日起15个工作日内予以答复；如需延长答复期限的，应当经政府信息公开工作机构负责人同意，并告知申请人，延长答复的期限最长不得超过15个工作日。”本案中，被告于2015年4月22日收到原告寄送的政府信息公开申请书，应当自收到申请之日起15个工作日内予以答复。如需延长答复期限，应当经政府信息公开工作机构负责人同意，并告知原告。被告并未告知原告延长答复期限，在原告提起本案诉讼之后，才于2015年5月29日作出《某区人民政府关于某村3社朱某某政府信息公开申请书的答复》，该答复行为已超过前述法律、法规规定的答复期限，应属程序违法。庭审中，原告当庭陈述坚持其诉状载明的诉讼请求不作变更。法院判决：确认被告某区人民政府未在法定期限内答复原告朱某某政府信息公开申请的行政行为违法。

2019年修订的《政府信息公开条例》第33条对此进行了修改，规定行政机关收到政府信息公开申请，能够当场答复的，应当当场予以答复。行政机关不能当场答复的，应当自收到申请之日起20个工作日内予以答复；需要延长答复期限的，应当经政府信息公开工作机构负责人同意并告知申请人，延长的期限最长不得超过20个工作日。行政机关征求第三方和其他机关意见所需时间不计算在前款规定的期限内。进一步明确并适当放宽了行政机关作出答复的期限，当行政机关以原告政府信息公开申请内容较多、情况复杂、擅自延长答复期限致使超过法定答复期限时，将会因不履行或拖延履行法定职责而导致败诉。

八、食品安全

案例20：买到不符合食品安全标准的食品，消费者可以要求价款10倍或损失3倍的赔偿

——赵某购买“人造蜂蜜”索赔案

案　情

赵某身体不好，听说吃天然蜂蜜对身体有好处，于是到超市买了几瓶某品牌的“天然蜂蜜”。因为是“天然蜂蜜”，所以价格比其他蜂蜜贵好几倍。但赵某买回家吃了一段时间，发现这瓶“天然蜂蜜”特别甜，赵某对这瓶蜂蜜很不放心，后来经电视台曝光，该品牌的“天然蜂蜜”利用粮食作物加工成的糖浆充当蜂蜜，根本就没有任何蜂蜜的成分。赵某想讨个说法，但又不知道该怎样索赔。

评　析

食品安全是《食品安全法》的核心。食品安全不仅指食品

无毒无害，即人食用之后不会对身体健康造成任何急性、慢性或潜在性的危害，还要求食品必须符合应当有的营养要求，即国家和地方标准中关于某一食品应有的营养成分的要求。本案中的“人造蜂蜜”，是不法生产者利用一些廉价的食用原料仿冒蜂蜜制成的，尽管“人造蜂蜜”本身可能是无毒无害的，不会直接损害人的身体健康，但由于其并不具有蜂蜜应当有的营养，因此不符合食品安全的要求，赵某可以依据《食品安全法》主张权利。

依据《食品安全法》第148条第1款规定，消费者因不符合食品安全标准的食品受到损害的，可以向经营者或者生产者要求赔偿。第2款规定，消费者除可要求赔偿损失外，还可向生产不符合食品安全标准的食品的生产者或者经营明知是不符合食品安全标准的食品的经营者要求支付价款10倍或者损失3倍的赔偿金，增加赔偿的金额不足1000元的，可要求1000元的赔偿，但是，食品的标签、说明书存在不影响食品安全且不会对消费者造成误导的瑕疵的除外。本案中，如果超市明知该品牌蜂蜜不符合食品安全标准仍销售的，赵某可以向超市或者生产该品牌蜂蜜的生产商要求支付价款10倍或者损失3倍的惩罚性赔偿；但如果超市对此不明知，赵某仅可要求生产商支付价款10倍或损失3倍的惩罚性赔偿。

此处的惩罚性赔偿金不以消费者是否知晓食品不符合食品安全标准为前提，即使赵某明知该品牌蜂蜜是由糖浆假冒的，仍可向生产者或明知的经营者主张惩罚性赔偿。《最高人民法院关于审理食品药品纠纷案件适用法律若干问题的规定》第3条规定："因食品、药品质量问题发生纠纷，购买者向生产者、销售者主张权利，生产者、销售者以购买者明知食品、药品存在质量问题而仍然购买为由进行抗辩的，人民法院不予支持。"

案例21：非法从事食品生产经营，最高会受到货值金额20倍的罚款

——李某非法从事食品生产经营案

案 情

李某看见本市的火锅店生意很红火，就打起了给火锅店送货的主意。李某揽下了给火锅店送袋装毛肚的生意，但很多客人都反映李某送的毛肚有一股药水味。食品安全监管机构在接到群众的举报后，经过调查发现，李某送的毛肚全是其自己加工并包装的，而李某并未取得食品生产经营许可，且李某送的毛肚上除了"绿色毛肚"四个字外没有任何其他标识，属三无产品，李某送的毛肚金额达1万元。食品安全监管机构对李某处以20万元的罚款。

评 析

首先，根据《食品安全法》第35条第1款规定，国家对

食品生产经营实行许可制度。从事食品生产、食品销售、餐饮服务，应当依法取得许可。但是，销售食用农产品和仅销售预包装食品的，不需要取得许可。仅销售预包装食品的，应当报所在地县级以上地方人民政府食品安全监督管理部门备案。而未经许可从事食品生产经营活动属于严重违反《食品安全法》的行为，按照《食品安全法》第 122 条规定，将受到没收违法所得、没收违法生产经营的食品和用于违法生产经营的工具、设备、原料的处罚；同时还将受到罚款的处罚。其中：违法生产经营的食品货值金额不足 1 万元的，并处 5 万元以上 10 万元以下罚款；货值金额 1 万元以上的，并处货值金额 10 倍以上 20 倍以下罚款。本案中李某的行为属于未经许可从事食品生产经营活动的行为。

其次，本案中李某提供的袋装牛肚属于预包装食品，即预先定量包装或者制作在包装材料和容器中的食品。根据《食品安全法》第 67 条规定，预包装食品的包装上应当有标签。标签应当标明下列事项：名称、规格、净含量、生产日期；成分或者配料表；生产者的名称、地址、联系方式；保质期；产品标准代号；贮存条件；所使用的食品添加剂在国家标准中的通用名称；生产许可证编号；法律、法规或者食品安全标准规定必须标明的其他事项。对于生产经营无标签的预包装产品即通常所说的三无产品的行为，《食品安全法》第 125 条规定，应由有关主管部门没收其违法所得、违法生产经营的食品，并可以没收用于违法生产经营的工具、设备、原料等物品；违法生产经营的食品货值金额不足1万元的，并处5000元以上5万元以下罚款；货值金额1万元以上的，并处货值金额5倍以上10倍以下罚款；情节严重的，责令停产停业，直至吊销许可证。

李某的行为既是未经许可从事食品生产经营活动的行为，又是生产经营三无产品的行为，按照《食品安全法》第122条、第125条均可处罚。一般而言，应按照较重的条款对其进行罚款，李某将受到最高金额达20万元的罚款，食品安全监管机构的罚款决定符合法律规定。

案例22：保健品是食品而非药品

——薛某受虚假广告宣传误导而购买保健品案

案　情

消费者薛某向消委会投诉，称其为治疗皮肤病在某药店购买了一种保健品食用。该产品在广告中宣称患者在使用该产品2～3个疗程后，可使皮肤银屑、红斑等症状完全消失。但薛某服用4个疗程后，不仅没有治好病，症状反而加重，经送医院诊治才逐步好转。

评 析

保健品具有保护人身体健康的作用，当下很多人都会服用保健品。一些保健品确实也具有特殊功效：如“解酒药”在“饮酒前或酒后十分钟内饮用，可速护肝”“对化学性肝损伤有辅助保护作用”；“安神补脑液”可以“改善睡眠”，而很多标明“食”字号或“健”字号的保健食品还标注了“适宜人群”“用法用量”等。这些标识和普通的药品非常相像，所以很多人都认为保健品是药品。

保健品全称应该是“保健食品”。根据《保健食品管理办法》规定，保健食品是指表明具有特定保健功能的食品，即适宜于特定人群食用，具有调节机体功能，不以治疗疾病为目的的食品，其生产由国家卫生行政部门审批。而药品则要求有明确的主治功能和疗效，根据《药品生产监督管理办法》的规定，其文号由国家药品监督管理部门审批。两者最根本的区别就在于保健食品没有确切的治疗作用，不能用作治疗疾病，只具有保健功能。

因此，保健品是食品而非药品，《食品安全法》也将保健品纳入了调控范围，其第四章第四节“特殊食品”部分对包括保健食品在内的特殊食品的相关事项作出规定，第 74 条规定，国家对保健食品实行严格监督管理。第 78 条规定，保健食品的标签、说明书不得涉及疾病预防、治疗功能，并声明“本品不能代替药物”。第 79 条对保健食品广告作出规定，保健食品广告除应当符合食品广告的一般规定——应当真实合法、不得含有虚假内容、不得涉及疾病预防治疗功能外，还应当声明“本品不能代替药物”。《广告法》第 18 条也对保健食品广告作出专门规定，保健食品广告不得含有表示功效、安全性的断言或保证；涉及疾病预防、治疗功能；声称或暗示广告商品为保障健康所必需等内容，且应显著标明“本品不能代替药物”。

本案中的保健食品，在广告及说明书中宣称其具有医学疗效，涉及疾病治疗功能，且未标明“本品不能代替药物”，显然违反了《食品安全法》《广告法》的相关规定，构成虚假宣传，对消费者造成损害的，由广告主承担赔偿责任。同时，应由工商行政管理部门责令停止发布广告，责令广告主在相应范围内消除影响，处广告费用 1 倍以上 3 倍以下罚款，广告费用无法计算或明显偏低的，处 10 万元以上 20 万元以下的罚款；情节严重的，处广告费用 3 倍以上 5 倍以下的罚款，广告费用无法计算或明显偏低的，处 20 万元以上 100 万元以下的罚款，可以吊销营业执照，并由广告审查机关撤销广告审查批准文件、1 年内不受理其广告审查申请。

民法典篇

民法是仅次于宪法的基本大法，更贴近生活，贴近社会实际，是调整平等主体的自然人、法人和其他组织之间的财产关系和人身关系的法律规范的总称。如夫妻关系双方是平等的，买卖关系双方是平等的，租赁关系双方也是平等的，意思自治，互不隶属。民法的内容极其广泛而丰富，例如，民事主体制度，主要解决民事主体的民事能力问题；婚姻家庭制度，主要解决结婚、离婚、收养、继承等问题；物权制度，主要解决财产的归属和占有问题；债权制度，主要解决财产流转过程中当事人的权利义务问题，其中合同是产生债的最普遍依据。

2020 年 5 月 28 日，中华人民共和国第十三届全国人民代表大会第三次会议通过了《民法典》。《民法典》被称为“社会生活的百科全书”，是新中国第一部以法典命名的法律，在法律体系中居于基础性地位，也是市场经济的基本法。每一个人从出生到死亡，都与民法息息相关、密不可分。一个人出生后就享有生命权、身体权、健康权、生存权、被抚育和监护权；到了6周岁，享有受教育权；成年之后，享有签订合同的自由；到了法定年龄，享有结婚权、生育权；年老生病时，享有退休权和病退权、医疗保险权；死亡前享有处分自己遗产的权利。每个人衣食住行更离不开民法。买米买菜、买衣买鞋、买房买车，就与出卖方发生买卖关系；请人做衣服，就与加工承揽人发生加工承揽关系；租房，就与出租人发生租赁关系；乘车乘轮船乘飞机，就与承运人发生旅客运输关系等。

根据权利义务一致的原则，当事人在享有以上权利的同时，也要承担相应的义务。如夫妻关系确立后，应承担相互扶养义务，对子女应尽抚育和监护的义务；租房应承担交租金等义务；借车应承担保管、合理使用和届时归还的义务；债务人向债权人借钱，应承担按时按数还债的义务。

本篇通过选取普通公民在日常生活中经常会遇到的案例，结合《民法典》的相关规定，进行深入浅出的剖析，力求让读者了解隐藏在这些问题背后的法律知识，进而总结出生活中的法理。

一、物权编

案例1：合同效力与物权效力是相互区分的

——秦某一屋两卖权属争议案

案 情

秦某原有房屋一栋。秦某与好友李某签订合同，将该栋房屋卖给李某并交付使用，但一直未办理房屋产权过户登记手续。李某在该房屋居住2年后，因工作需要迁往别地，于是将房屋租给了秦某。后秦某又将该房卖给冉某，并签订了《买卖房屋契约》，合同约定：双方不能违约，否则将由违约方承担违约金2000元。该契约签订后，冉某支付了全部房款，秦某也交付了房屋，但秦某迟迟不为冉某办理房屋产权证书，因此冉某起诉至法院，请求判令秦某继续履行合同，并按合同支付违约金2000元。

法院经审理认为，秦某和李某、秦某和冉某的房屋买卖合同均有效，由于双方均未办理房屋产权过户登记，李某与秦某的合同签订、交付房屋以及支付价款的时间均在冉某之前，故争议房屋的所有权应属于李某，秦某有协助李某办理房屋产权过户的义务。由于秦某无法继续履行与冉某的合同义务，应承担相应的违约责任。

评　析

本案争议的焦点是两个房屋买卖合同的效力以及房屋所有权的归属。

（1）合同效力与物权效力是相互区分的。《民法典》第215条规定："当事人之间订立有关设立、变更、转让和消灭不动产物权的合同，除法律另有规定或者当事人另有约定外，自合同成立时生效；未办理物权登记的，不影响合同效力。"合同属于债权法律关系的范畴，其成立及生效应该依据合同法来判断。除非法律有特别规定，合同一经成立，只要不违反法律的强制性规定和社会公共利益，就可以发生效力。

登记并不是针对合同行为，而是针对物权变动所采取的一种公示方法，根据《民法典》第209条第1款规定，不动产物权的设立、变更、转让和消灭，经依法登记，发生效力；未经登记，不发生效力，但法律另有规定的除外。

如果当事人之间仅就物权的变动达成合意，而没有办理登记，则不发生物权变动的效力，但合同仍然有效。房屋出卖人有义务按照合同约定办理变更登记，如果其拒绝履行登记义务，则应承担相应的违约责任。

（2）关于房屋所有权的归属问题。本案中的两份房屋买卖合同均为当事人真实意思表示，且不违反法律的强制性规定，应为有效。由于李某和冉某均未办理房屋产权过户登记，不发生物权变动的效力，秦某仍然为房屋所有权人。根据债权相对性原则，秦某与李某在先签订的房屋买卖合同并无排斥在后签订的秦某与冉某之间房屋买卖合同的效力。秦某有权自行决定将房屋过户给李某或冉某。法院判决房屋所有权属于李某是错误的。但是秦某选择将房屋过户给李某或冉某其中一人之后，应当对没有过户的另一人承担违约的责任。

案例2：租赁合同期满，承租人应返还租赁物

——吴某被判腾房并支付租金案

案情

2017年1月1日，张某将自己所有的坐落在某建材市场的店房租赁给吴某。合同约定：租赁期间自2017年1月1日起至2017年12月底止；年租金为8600元，按年收取；合同期满后，被告在同等条件下享有优先承租权。2017年12月18日，张某在未通知吴某是否愿购买其租赁店房的情况下，将店房出卖给案外人黄某，双方订立了房屋买卖合同。2017年12月22日，张某告知吴某其租赁的店房已出卖，请吴某在2017年12月底腾出店房。租赁合同期满后，吴某仍占用张某店房。现张某起诉，要求吴某腾房并支付租金。

法院判决：吴某腾房并支付租金。

评 析

房屋租赁合同纠纷中，租赁期满后，承租人因种种原因拒不返还房屋的情况时有发生，出租人作为房屋的所有权人，应如何主张自己的权利：

首先，《民法典》第240条规定："所有权人对自己的不动产或者动产，依法享有占有、使用、收益和处分的权利。"第235条规定："无权占有不动产或者动产的，权利人可以请求返还原物。"租赁关系终止后，承租人已没有占有租赁物的合法依据，因此，出租人可以基于所有权要求承租人返还房屋。

其次，《民法典》第733条规定："租赁期限届满，承租人应当返还租赁物。返还的租赁物应当符合按照约定或者根据租赁物的性质使用后的状态。"租赁期间届满，双方当事人的权利义务关系即告终止，承租人即无权再继续使用租赁物，故应及时向出租人返还租赁物，这是租赁合同中承租人的一项主要义务。因此出租人可以基于租赁关系要求承租人返还房屋，承租人不及时返还租赁物，应负违约责任。

综上所述，租赁合同期间届满，出租人既可以基于租赁关系要求承租人返还，也可以基于所有权要求承租人返还，承租人不仅应当支付逾期返还租赁物的租金，偿还违约金或赔偿损失，还应承担租赁物逾期返还期间意外灭失的风险。

本案中，吴某承租张某房屋的租赁期间已届满，张某不愿再将房屋出租，其要求吴某腾房，是其行使房屋所有权人的权利，符合法律规定，应当予以支持。至于吴某提出张某出售本案争议房屋损害其优先购买权，属另一法律关系，且吴某已就优先购买权的问题另行起诉，因此法院对此问题并未进行审理。

案例3：相邻关系的处理

——邵某诉廖某采光纠纷案

案 情

廖某在邵某住房的相邻处买得宅基地一块，欲建住房，邵某提出采光问题，经邵某、廖某双方协商，由廖某从其宅基地界上退出1米建房。后廖某按双方协商从其宅基地界上退出1米建成一楼一底房屋一栋，但其一楼相向邵某住房的外墙向外挑出约0.8米。邵某认为廖某所建房屋的一楼将墙体挑出，影响了其房屋正面的采光，遂诉至法院。

法院支持了邵某的诉讼请求，判决拆除相应建筑。

评 析

本案是典型的相邻关系纠纷。所谓相邻关系，是指两个或两个以上相互毗邻不动产的所有人或使用人，在行使占有、使用、收益、处分权利时发生的权利义务关系。不动产的所有人或使用人有权从邻方得到必要的便益，并防止来自邻方的危险和危害。同时，其在行使所有权时也应有所限制，不能损害邻方的合法权益。《物权法》用专章对相邻关系的处理进行了规定，《民法典》物权编基本沿袭了《物权法》中的相关规定。《民法典》第288条规定，不动产的相邻权利人应当按照有利生产、方便生活、团结互助、公平合理的原则，正确处理相邻关系。第289条规定，法律、法规对处理相邻关系有规定的，依照其规定；法律、法规没有规定的，可以按照当地习惯。第290条至第296条则分别对用水、排水，通行，利用相邻土地、建筑物，通风、采光、日照，弃置、排放污染物，维护不动产安全等常见的相邻关系问题作出了详细规定。其中第293条规定为“建造建筑物，不得违反国家有关工程建设标准，不得妨碍相邻建筑物的通风、采光和日照”。

本案中，邵某建房在前，廖某建房在后，故尽管廖某是在自己取得的宅基地上修建房屋，但基于相邻之间的法律关系，其权利受到合法限制，即不得影响毗邻一方建筑物的采光和通风。邵某与廖某就采光问题达成了一致协议，廖某所建的房屋底楼亦按协议履行，但一楼外墙却向原告邵某房屋方向外挑出约0.8米，违反了双方的采光协议和当地城市建设规划中对相邻建筑物之间采光距离的要求，遮挡了邵某家房屋底楼，影响了其房屋底楼的采光和通风，构成了相邻侵权。因此法院判决拆除相应建筑是符合法律规定的。

案例4：建筑物区分所有权人对共有部分享有共同管理的权利

——甲公司未经法定共有人同意处分建筑物被判侵权案

案情

2015年9月，柳某购买了某公司开发的1号楼502号房。根据合同约定，柳某拥有与502号房相邻的约420平方米的露台使用权。2016年4月，开发商将502号房交付柳某使用。2017年3月，袁某购买了该公司开发的1号楼一、二、三层商铺，合同第17条第2款约定，该商品房所在楼宇的外墙面使用权属于业主共有。2017年8月，袁某将上述商铺出租给甲公司使用。后甲公司在商铺外墙搭建广告牌，广告牌高出露台约2米。柳某认为甲公司未经其同意搭建广告牌的行为对其构成了侵权，故起诉至该院，请求依法判令甲公司停止侵害、排除妨碍、恢复原状。

法院经审理认为，甲公司的行为对柳某构成了侵权，限甲公司于判决生效之日起10日内，拆除该广告牌超出露台的部分，恢复原状。

评 析

本案涉及建筑物区分所有权的问题。根据《民法典》物权编规定，业主的建筑物区分所有权，包括三个方面的基本内容：一是对专有部分的所有权。即业主对建筑物内属于自己所有的住宅、经营性用房等享有占有、使用、收益和处分的权利。但业主行使权利不得危及建筑物的安全，不得损害其他业主的合法权益。二是对建筑区划内的共有部分享有共有权。即业主对小区内道路、绿地、公用设施、物业管理用房以及其他公共场所等共有部分享有占有、使用、收益、处分的权利。三是对共有部分享有共同管理的权利，即有权对共有部分与公共设备设施的使用、收益、维护等事项通过参加和组织业主大会进行管理。

关于上述第三项权利，《民法典》第278条规定："下列事项由业主共同决定：（一）制定和修改业主大会议事规则；（二）制定和修改管理规约；（三）选举业主委员会或者更换业主委员会成员；（四）选聘和解聘物业服务企业或者其他管理人；（五）使用建筑物及其附属设施的维修资金；（六）筹集建筑物及其附属设施的维修资金；（七）改建、重建建筑物及其附属设施；（八）改变共有部分的用途或者利用共有部分从事经营活动；（九）有关共有和共同管理权利的其他重大事项。业主共同决定事项，应当由专有部分面积占比三分之二以上的业主且人数占比三分之二以上的业主参与表决。决定前款第六项至第八项规定的事项，应当经参与表决专有部分面积四分之三以上的业主且参与表决人数四分之三以上的业主同意。决定前款其他事项，应当经参与表决专有部分面积过半数的业主且参与表决人数过半数的业主同意。”

本案中，涉案露台属于1号楼全体业主共有，甲公司设置广告牌高出该露台约2米，是对该露台的重大改动，属于《民法典》第278条第1款第7项之规定“改建、重建建筑物及其附属设施”的范畴，应当经过专有部分占建筑物总面积三分之二以上的业主且占总人数三分之二以上的业主同意，但甲公司没有证据证明其行为已经业主法定人数的同意，应当承担举证不能的法律后果。据此，法院对柳某主张甲公司侵权，要求其停止侵害、排除妨碍、恢复原状的诉讼请求依法予以支持。

案例5：不动产的善意取得制度

——郑某无权处分房产被判有效案

案 情

郑某和朴某为夫妻关系，婚后共同购买了一套价值50万元的房产，登记在郑某名下。后郑某在未征得朴某同意的情况下，与刘某签订了一份《房地产买卖契约》，约定郑某将上述房产以80万元的价格卖给刘某。合同签订后，刘某按约定支付了全部房款，并在郑某的协助下办理了过户登记。后朴某发现时该房产已登记在刘某的名下。朴某起诉至法院，请求确认郑某与刘某的合同无效，并要求刘某返还房产。

法院经审理后判决郑某与刘某的房屋买卖合同有效，并确认刘某合法取得涉案房产。

评 析

本案涉及的是不动产的善意取得制度。善意取得，是指无权处分人将其受托占有的他人的物转让给受让人的，如受让人取得该物时系出于善意，则受让人取得该物的所有权，原权利人丧失所有权。

我国《民法典》第311条确立了善意取得制度，即“无处分权人将不动产或者动产转让给受让人的，所有权人有权追回；除法律另有规定外，符合下列情形的，受让人取得该不动产或者动产的所有权：（一）受让人受让该不动产或者动产时是善意的；（二）以合理的价格转让；（三）转让的不动产或者动产依照法律规定应当登记的已经登记，不需要登记的已经交付给受让人。受让人依据前款规定取得不动产或者动产的所有权的，原所有权人有权向无处分权人请求损害赔偿。当事人善意取得其他物权的，参照适用前两款规定”。

根据该规定，善意取得制度对动产和不动产均可适用。其中不动产的善意取得需满足以下要件：第一，让与人对让与不动产无处分权；第二，受让人取得不动产须支付了合理的对价；第三，受让人须为善意，即受让人对转让人无处分权的情形不知情；第四，已进行物权变更登记。不动产物权的转移以登记为准，如果受让人没有进行房屋产权变更登记，那么也不能适用善意取得制度。在房屋买卖中，受让人满足以上条件即可根据不动产的善意取得制度取得房屋的所有权。而原权利人产生的损失只能向无权处分人要求赔偿，而不能向善意受让人要求返还房屋或赔偿。

本案中的房产为夫妻共有财产，根据《民法典》第 301 条规定，处分共有的不动产或者动产以及对共有的不动产或者动产作重大修缮、变更性质或者用途的，应当经占份额三分之二以上的按份共有人或者全体共同共有人同意，但是共有人之间另有约定的除外。因此郑某在朴某不知情的情况下出卖房产属于无权处分。鉴于郑某和朴某为夫妻关系，刘某有理由相信郑某的卖房行为是经过朴某同意的，即刘某主观上是善意的，且已经支付了全部房款并办理了过户登记，因此刘某善意取得了涉案房产的所有权，朴某无权要求其返还。

案例6：地役权自合同生效时设立，未经登记，不得对抗善意第三人

——甲公司诉乙公司、制衣厂地役权纠纷案

案情

某甲房地产开发公司拍得某市区河畔一块土地，准备以“观景”为理念设计并建造一所高层观景商品住宅楼。但该地前面有一平房制衣厂，为了该住宅楼业主能在房间里欣赏河畔风景，双方签订了一份书面协议，约定：制衣厂在30年内不得在该土地上兴建三层高以上的建筑；作为补偿，甲公司每年向制衣厂支付20万元。3年后，制衣厂将该土地使用权转让给乙公司，乙公司在该土地上动工修建高层电梯公寓。甲公司得知后，便要求乙公司立即停止兴建，但遭到拒绝。于是甲公司向法院提起诉讼，请求法院判决乙公司停止施工并要求制衣厂承担违约责任。

评析

地役权是指为使用自己不动产的便利或提高其效益而按照合同约定利用他人不动产的权利。设立地役权，当事人应当采

取书面形式订立地役权合同。本案争议焦点是甲公司和制衣厂之间的地役权合同是否生效，该地役权合同能否约束乙公司。

《民法典》第 374 条规定："地役权自地役权合同生效时设立。当事人要求登记的，可以向登记机构申请地役权登记；未经登记，不得对抗善意第三人。"因此地役权自合同生效时即设立，是否登记不影响地役权的设立，未登记只是不能对抗善意第三人。本案中，甲公司与制衣厂之间的约定符合《民法典》第 372 条"地役权人有权按照合同约定，利用他人的不动产，以提高自己的不动产的效益。前款所称他人的不动产为供役地，自己的不动产为需役地"、第 375 条"供役地权利人应当按照合同约定，允许地役权人利用其不动产，不得妨害地役权人行使权利"的规定。所以甲公司与制衣厂之间设立了地役权，制衣厂违反合同的约定，理应承担违约责任。

但甲公司与制衣厂之间的地役权合同没有到登记机构登记，不能对抗善意第三人乙公司，作为受让供役地人的乙公司没有义务遵守地役权合同的约定，乙公司可以在不妨碍相邻权人的相邻权的情况下任意使用该土地，包括修建高层电梯公寓。法院据此判决由制衣厂承担违约责任，驳回甲公司要求乙公司停止施工的诉讼请求。

案例7：抵押财产的范围有法律限制

——某农村信用社因抵押财产不合法未能实现抵押权案

案 情

王某是某村养鱼专业户，为了扩大养殖规模增加投资，王某与某农村信用社达成贷款协议，信用社贷款10万元给王某，王某以其所居住的房屋、所拥有的货车一辆、养鱼场所占范围内的土地使用权及家中彩电作为抵押物。后来王某因经营亏损无力偿还贷款，信用社多次追偿未果，于是向法院要求拍卖抵押物。

法院经调查发现，签订抵押协议时，对于房屋，王某由于继承原因与其兄弟发生争议，并已诉至法院，货车因违章行车拒不接受罚款，一直被有关部门扣押。

评 析

抵押权是指债务人或者第三人不转移财产的占有，将该财产作为债权的担保，债务人不履行到期债务或者发生当事人约定的实现抵押权的情形，债权人享有依照法律规定的程序就该财产优先受偿的权利。其中提供担保的财产即为抵押财产，但并非所有的财产都可以抵押。关于抵押财产的范围，规定如下：

（1）可以抵押的财产。《民法典》第395条规定："债务人或者第三人有权处分的下列财产可以抵押：（一）建筑物和其他土地附着物；（二）建设用地使用权；（三）海域使用权；（四）生产设备、原材料、半成品、产品；（五）正在建造的建筑物、船舶、航空器；（六）交通运输工具；（七）法律、行政法规未禁止抵押的其他财产。抵押人可以将前款所列财产一并抵押。"

（2）不可抵押的财产。《民法典》第399条规定："下列财产不得抵押：（一）土地所有权；（二）宅基地、自留地、自留山等集体所有土地的使用权，但是法律规定可以抵押的除外；（三）学校、幼儿园、医疗机构等为公益目的成立的非营利法人的教育设施、医疗卫生设施和其他公益设施；（四）所有权、使用权不明或者有争议的财产；（五）依法被查封、扣押、监管的财产；（六）法律、行政法规规定不得抵押的其他财产。"

本案中抵押的财产有四种：房屋、货车、养鱼场范围内的土地使用权和彩电。由于王某用于抵押的房屋的所有权存在争议，符合《民法典》第399条第4项的规定，不得抵押。货车在签订抵押协议时即已被扣押，符合第5项的规定，不得抵押。其养鱼场所占范围内的土地使用权属于集体所有的土地使用权，也不得用于抵押，因此，只有彩电为其合法的个人财产。因此，法院认为信用社仅可以就彩电拍卖的价款优先受偿，未能实现的债权或受到的损失依相关法律规定请求王某承担责任。

案例8：质权自出质人交付质押财产时设立

——质物未移转占有导致质权未生效案

案 情

吴某为一食品经销商，因资金周转困难，向孙某借款人民币8000元。双方订立书面合同一份，合同约定：吴某借孙某现金人民币8000元，两个月后还本付息。同时，双方签订质押合同一份，合同约定：吴某以其所有的摄像机一架作为履行债务的担保。

合同成立以后，孙某即向吴某提供现金8000元，并要求吴某将摄像机带来。吴某称其摄像机被其表哥借走，暂时难以取回，但保证如果还不了款，由孙某对摄像机进行处分。后因吴某未能按期偿还孙某的借款，孙某即向法院起诉，要求变卖吴某的摄像机受偿。

评 析

质权是指为担保债务的履行，债务人或者第三人将其动产出质给债权人占有的，债务人不履行到期债务或者发生当事人约定的实现质权的情形，债权人有权就其占有的动产优先受偿的权利。质权是一种动产物权，对不动产不能设定质权。法律法规禁止转让的动产也不得设定质权。另外，权利也可以成为质权的标的，称权利质权。质权与抵押权最大的区别就在于是否转移标的物的占有。

关于质权的设立，《民法典》第 427 条第 1 款规定，设立质权，当事人应当采取书面形式订立质权合同。但订立书面质权合同仅是设立质权的第一步，根据《民法典》第 429 条“质权自出质人交付质押财产时设立”的规定，设立质权时，出质人（债务人或第三人）应当将质押财产移交给债权人占有。质权以交付质押财产为成立要件，如果质押财产未由出质人移交于质权人占有，那么质权根本就没有产生。

本案中，吴某始终未将摄像机移交给孙某占有，所以，吴某与孙某之间不存在质押法律关系，孙某不能要求将吴某的摄像机变价处分进而优先受偿。

案例 9：留置权的取得和行使

——甲商场诉乙服装厂留置权纠纷案

案情

甲商场委托乙服装加工厂加工西服 1000 套，双方订立了来料加工合同，约定于4月11日前交货，加工费共计2万元，于交货前20日即3月20日支付。后甲商场逾期未支付加工费，乙服装厂将加工的1000套西服留置，并通知甲商场在2个月内偿还债务，逾期不偿还将变卖其部分西服并以变卖的价款优先受偿。2个月期限经过之后，甲商场仍未支付加工费，乙服装厂遂变卖500套西服，以变卖的价款偿付加工费及违约金。甲商场以乙服装厂擅自变卖其加工的服装为由，诉至法院，要求其承担违约责任。

法院判决认定乙服装厂行使留置权的行为合法，驳回了甲商场的诉讼请求。

评析

留置权是一种法定担保物权，即留置权依法律规定而产生，而不是依当事人之间的协议设立。留置权是指债权人按照合同的约定占有债务人的财产，在债务人不按照合同约定的期限履行债务时，有留置该财产以迫使债务人履行债务，并在债务人仍不履行债务时就该财产优先受偿的权利。

留置权的取得基于法律规定，只有在符合法律规定的下列条件时，债权人才能取得留置权：（1）留置的标的物须为动产。（2）须债权人合法占有债务人的动产。这种占有的原因通常是合法的合同行为，如债权人与债务人之间存在行纪、货运、保管、承揽等合同关系，而不能非法占有债务人的动产。

（3）须债权已届清偿期。（4）债权人留置的动产，应当与债权属于同一法律关系，但企业之间留置的除外。留置的标的物必须与债权属于同一法律关系，即债权人的债权必须是基于所留置的动产而产生的。例如，承揽人因对承揽费的请求权而对承揽标的物有留置权，保管人基于对保管费的请求权而对所保管的物有留置权。再如，修理工为甲修理自行车，在修理费未受偿之前，可留置该自行车；但甲另欠修理工的借款，为另一法律关系，其发生与自行车修理无关，不得以借款未还为由留置自行车。

关于留置权的行使，应注意法律关于宽限期即留置财产后的债务履行期间的规定。《民法典》第453条规定："留置权人与债务人应当约定留置财产后的债务履行期限；没有约定或者约定不明确的，留置权人应当给债务人六十日以上履行债务的期限，但是鲜活易腐等不易保管的动产除外。债务人逾期未履行的，留置权人可以与债务人协议以留置财产折价，也可以就拍卖、变卖留置财产所得的价款优先受偿。留置财产折价或者变卖的，应当参照市场价格。"

本案中，承揽人乙服装厂基于对加工费的请求权而对承揽标的物有留置权，而甲商场在2个月的宽限期过后仍不履行债务，因此乙服装厂有权就变卖留置财产所得的价款优先受偿，乙服装厂行使留置权的行为是合法的。

案例10：保证责任的两种承担方式

——杨某诉蒋甲、蒋乙返还欠款案

案 情

杨某之夫李某生前与蒋甲关系较好，从2010年起，蒋甲就以做生意为名逐年向李某陆续借款。2018年1月1日，李某因病去世。此后，杨某多次找蒋甲催款，2018年10月29日，经双方协商算账，蒋甲向杨某出具了一张欠条，内容为："今欠杨某人民币98414元，两年内还清。"同日，蒋乙向杨某出具了一份担保书，内容为："我自愿为蒋甲欠杨某的欠款提供担保，如蒋甲到期不能还清借款，由我负责归还。"2020年2月，杨某诉至法院，请求判令蒋甲、蒋乙返还欠款并支付逾期利息。

评 析

保证合同是我国《民法典》合同编中新增的一种典型合同。根据《民法典》第681条规定，保证合同是为保障债权的实现，保证人和债权人约定，当债务人不履行到期债务或者发生当事人约定的情形时，保证人履行债务或者承担责任的合同。即保证是指保证人和债权人约定，当债务人不履行债务时，保证人按照约定履行债务或者承担责任的行为。保证的特征在于：

第一，保证属于人的担保的范畴。质押、抵押、留置等物的担保形式均具有担保功能，但保证并非以特定的财产提供担保，而是以保证人的不特定财产进行担保。第二，保证人必须是主合同以外的第三人，即保证人必须是债权人和债务人以外的第三人为他人债务提供担保，债务人不得为自己的债务做保证。本案涉及两个法律问题：一是保证合同是否成立；二是蒋乙应承担何种保证责任。

（1）保证合同成立。《民法典》第685条规定："保证合同可以是单独订立的书面合同，也可以是主债权债务合同中的保证条款。第三人单方以书面形式向债权人作出保证，债权人接收且未提出异议的，保证合同成立。"根据本条的规定，保证合同的形式主要有三种：单独订立的书面合同、主债权债务合同中的保证条款、第三人以书面形式作出的保证。本条是在《担保法》第13条和原《最高人民法院关于适用〈中华人民共和国担保法〉若干问题的解释》第22条的基础上形成的。本案中，蒋乙向杨某出具担保书，杨某接受且未提出异议，符合《民法典》规定的保证合同成立的情形，蒋乙作为保证人应担保蒋甲向杨某履行债务。

（2）蒋乙应承担一般保证责任。根据《民法典》第686条至第688条的规定，保证责任的方式有两种：①一般保证责任，当事人在保证合同中约定，在债务人不能履行债务时，由保证人承担保证责任的，为一般保证。一般保证的保证人在主合同纠纷未经审判或者仲裁，并就债务人财产依法强制执行仍不能履行债务前，对债权人可以拒绝承担担保责任。②连带责任保证。当事人在保证合同中约定保证人与债务人对债务承担连带责任的，为连带责任保证。在债务人未履行到期债务时，债权人可以要求债务人履行债务，也可以要求保证人在其保证责任范围内承担责任。保证责任的具体方式由当事人在保证合同中约定，没有约定或约定不明确的，按连带责任保证承担保证责任。

本案中，蒋乙出具的担保书的内容为"如蒋甲到期不能还清借款，由我负责归还"，即在债务人不能履行债务时，由保证人承担保证责任，因此属于一般保证，蒋乙享有先诉抗辩权。《最高人民法院关于适用〈中华人民共和国民法典〉有关担保制度的解释》第26条第2款规定："一般保证中，债权人一并起诉债务人和保证人的，人民法院可以受理，但是在作出判决时，除有民法典第六百八十七条第二款但书规定的情形外，应当在判决书主文中明确，保证人仅对债务人财产依法强制执行后仍不能履行的部分承担保证责任。"根据该条规定，在对蒋甲的财产依法强制执行后仍不能履行债务时，由蒋乙承担保证责任。

案例11：保证期间内，债权人未采取适当行动的，保证人免除保证责任

——丁某请求徐某承担保证责任已过保证期间案

案　情

2016年7月21日，张某向丁某借款65万元，约定一个月内归还。徐某作为担保人保证，如张某不能如期归还，则由他代替归还借款。借款到期后，张某未向丁某还款，丁某向徐某催讨，徐某还了12万元，余款一直未还。2017年4月20日，丁某诉至法院，要求徐某还款53万元、支付利息5.2万元及违约金等。

法院审理后认为，借款担保已过保证期间，判决驳回了丁某的诉讼请求。

评　析

根据《民法典》第692条第1款规定，保证期间是确定保证人承担保证责任的期间，不发生中止、中断和延长。所谓保证期间就是指保证合同当事人约定或依法律推定在主债务履行期届满后，保证人能够容许债权人主张权利的最长期限。关于

保证期间，应注意以下几点：

（1）保证期间的确定规则。根据《民法典》第 692 条第 2 款规定，债权人与保证人可以约定保证期间，但是约定的保证期间早于主债务履行期限或者与主债务履行期限同时届满的，视为没有约定；没有约定或者约定不明确的，保证期间为主债务履行期限届满之日起 6 个月。本条第 3 款规定了保证期间的起算规则：债权人与债务人对主债务履行期限没有约定或者约定不明确的，保证期间自债权人请求债务人履行债务的宽限期届满之日起计算。可见，无论是一般保证还是连带责任保证，其保证期间的确定规则是一样的，即保证人与债权人有约定的，从其约定；无约定的，保证期间为主债务履行期届满之日起 6 个月。

（2）保证期间的性质。《民法典》第 692 条第 1 款规定，保证期间是确定保证人承担保证责任的期间，不发生中止、中断和延长。根据本条规定可知，保证期间属于除斥期间。

（3）保证责任的免除规则。由于先诉抗辩权的缘故，一般保证与连带责任保证的责任免除规则不一样：①在一般保证中，根据《民法典》第 693 条第 1 款规定，如果债权人在保证期间内未对债务人提起诉讼或者申请仲裁的，保证人免除保证责任；②在连带责任保证中，根据《民法典》第 693 条第 2 款规定，如果债权人在保证期间内未要求保证人承担保证责任的，保证人免除保证责任。

本案主债务履行届满日为2016年8月21日，因双方在借款合同的保证条款中，未对保证期间作明确约定，故保证期间为主债务履行届满之日起6个月内，即2016年8月21日至2017年2月21日。根据保证条款的内容，徐某的保证为一般保证，丁某在上述保证期间内未对债务人张某提起诉讼或申请仲裁，故徐某可免除保证责任。

二、合同编

案例12：合同履行抗辩权的行使

——甲公司拒绝支付房款不构成违约案

案情

甲、乙公司签订了一项房屋买卖合同，合同约定甲公司于当年9月1日向乙公司交付房屋100套，并办理登记手续，乙公司则向甲公司分三次付款：第一期支付2000万元，第二期支付3000万元，第三期则在9月1日甲公司向乙公司交付房屋时支付5000万元。合同签订后，乙公司按期支付了第一期、第二期款项共5000万元。9月1日，甲公司将房屋的钥匙移交给乙公司，但并未立即办理房产所有权移转登记手续。因此，乙公司表示剩余款项在登记手续办理完毕后再付。在合同约定付款日期（9月1日）7日后，乙公司仍然没有付款，甲公司遂以乙公司违约为由诉至法院，请求乙公司承担违约责任。乙公司则以甲公司未按期办理房产所有权移转登记手续为由抗辩。

评　析

本案中，从表面看，甲公司违背合同约定，未按期办理房产所有权移转登记手续，已构成违约；乙公司也违背了合同约定，在合同约定的付款日7日后，仍然没有付款，构成了履行迟延。但是，在考虑其是否应当承担违约责任时，尚应考虑其是否享有法定的抗辩权。

双务合同履行抗辩权有三种：

（1）同时履行抗辩权。《民法典》第525条规定，当事人互负债务，没有先后履行顺序的，应当同时履行。一方在对方履行之前有权拒绝其履行请求。一方在对方履行债务不符合约定时，有权拒绝其相应的履行请求。

（2）先履行抗辩权。《民法典》第526条规定，当事人互负债务，有先后履行顺序，应当先履行债务一方未履行的，后履行一方有权拒绝其履行请求。先履行一方履行债务不符合约定的，后履行一方有权拒绝其相应的履行请求。

（3）不安抗辩权。《民法典》第527条规定："应当先履行债务的当事人，有确切证据证明对方有下列情形之一的，可以中止履行：（一）经营状况严重恶化；（二）转移财产、抽逃资金，以逃避债务；（三）丧失商业信誉；（四）有丧失或者可能丧失履行债务能力的其他情形。当事人没有确切证据中止履行的，应当承担违约责任。”

从本案看，甲公司向乙公司交付房屋是应当先履行的义务。由于本案中合同标的物是房屋，根据《民法典》物权编规定，不动产所有权的变动以登记为要件，因此甲公司除负有交付标的物的义务之外，还应当完成产权移转登记，才算真正履行完给付义务。因此，在甲公司未办理房产所有权移转登记手续前，乙公司有权根据《民法典》第525条的规定，拒绝支付剩余款项。

案例13：如何解除合同

——某玩具公司解除委托合同案

案　情

某玩具公司为了加强营销、提升品牌的知名度，与某广告公司签订了一份广告设计服务合同，约定由广告公司为其进行品牌形象设计。但广告公司几经设计修改，设计方案始终不能得到玩具公司认可。近期，玩具公司将参加国内一大型玩具展销会，见广告公司拿不出令其满意的设计方案，就想另行委托其他的设计公司进行设计。但玩具公司面临的问题是：其是否可以解除与广告公司的合同。

评　析

我国《民法典》合同编部分主要规定了3种合同解除的情形：一是协议解除，即合同当事人协商一致，可以解除合同。二是约定解除，是指当事人在合同中约定一方解除合同的条件，在解除合同的条件成就时，解除权人就可以解除合同。三是法定解除。主要包括《民法典》第563条规定的几种情形：（1）因不可抗力致使不能实现合同目的；（2）在履行期限届满之前，当事人一方明确表示或者以自己的行为表明不履行主要债务；（3）当事人一方迟延履行主要债务，经催告后在合理期限内仍未履行；（4）当事人一方迟延履行债务或者有其他违约行为致使不能实现合同目的；（5）法律规定的其他情形。

就本案而言，首先，双方协商一致解除合同是最圆满的解决方法；其次，如果涉案的合同中有明确的约定解除条款，玩具公司也可以根据约定，发函通知广告公司解除合同；最后，如果玩具公司与广告公司在合同中明确约定，此次委托设计的目的在于参加即将举行的玩具展销会，在广告公司的履行行为明显将导致玩具公司不能如期参加玩具展销会时，玩具公司可以行使法定解除权通知广告公司解除合同。广告公司对于约定解除和法定解除有异议的，可以请求人民法院或者仲裁机构确认解除合同的效力。

此外，不得不提的是，本案中涉及的合同是委托合同，对于这种合同，我国《民法典》第933条规定："委托人或者受托人可以随时解除委托合同。因解除合同造成对方损失的，除不可归责于该当事人的事由外，无偿委托合同的解除方应当赔偿因解除时间不当造成的直接损失，有偿委托合同的解除方应当赔偿对方的直接损失和合同履行后可以获得的利益。"因此，作为委托方的玩具公司也可以根据这条规定解除合同，但此时对广告公司造成的损失的评估和计算将是双方争议的焦点。

案例14：标的物没有交付买受人，风险由出卖人承担

——李某诉罗某买卖合同纠纷案

案情

李某与罗某经电话联系口头达成买卖协议，约定由李某向罗某购买茶叶。同日，李某向罗某支付价款人民币86000元。双方未书面约定交货地点，李某仅口头通知罗某把茶叶运到北京。同日，罗某在广州把茶叶交给某货运部运往北京。次日，某货运部又把茶叶转交给某公司承运。某公司司机运送该批茶叶途中，因处置机动车故障不当而使机动车发生火灾，导致该批茶叶全部被烧毁。李某起诉请求判令罗某赔偿货物损失人民币86000元。

法院经审理认为，讼争标的物毁损灭失的风险应由卖方罗某承担，判决罗某向李某返还货款人民币86000元。

评析

买卖合同中的风险负担，是指买卖合同的标的物由于不可归责于买卖合同双方当事人的事由毁损、灭失所造成的损失的承担。

《民法典》第604条规定："标的物毁损、灭失的风险，在标的物交付之前由出卖人承担，交付之后由买受人承担，但是法律另有规定或者当事人另有约定的除外。"因此买卖合同风险负担的一般规则是"交付主义"，即风险自交付时起由出卖人转移给买受人。至于"法律另有规定"的情形，主要有以下几种：

（1）《民法典》第605条规定，因买受人的原因致使标的物未按照约定的期限交付的，买受人应当自违反约定时起承担标的物毁损、灭失的风险。

（2）《民法典》第606条规定，出卖人出卖交由承运人运输的在途标的物，除当事人另有约定外，毁损、灭失的风险自合同成立时起由买受人承担。

（3）《民法典》第607条规定，出卖人按照约定将标的物运送至买受人指定地点并交付给承运人后，标的物毁损、灭失的风险由买受人承担。当事人没有约定交付地点或者约定不明确，依据本法第603条第2款第1项的规定标的物需要运输的，出卖人将标的物交付给第一承运人后，标的物毁损、灭失的风险由买受人承担。

（4）《民法典》第610条规定，因标的物不符合质量要求，致使不能实现合同目的的，买受人可以拒绝接受标的物或者解除合同。买受人拒绝接受标的物或者解除合同的，标的物毁损、灭失的风险由出卖人承担。

根据上述分析，解决本案风险承担问题的关键是看双方是否约定了交付地点。本案中，李某与罗某未就标的物的交付地点和交付方式进行书面约定。但在合同实际履行的过程中，罗某把货物交给某货运部运输时由某货运部出具的货物运输单显示：货物是从“广州—北京”。该事实表明罗某对于货物运输目的地为北京市是清楚的。罗某既知晓标的物运输的目的地，又未能举证证明其是受原告的委托代办托运，在此情形下，可以推定双方已口头明确标的物的交付地点是北京市。依照《民法典》第604条确立的标的物风险承担规则，标的物的风险须于买方在目的地领受货物后才转移给买方，运输途中的风险，应由卖方罗某承担。

案例15：民间借贷中的利息扣头行为的法律认定

——董某诉杨某民间借贷纠纷案

案情

董某分别转账30000元、50000元至杨某账户，杨某于同日向董某出具一份载明借款金额为80000元，月利率为2%的借据。后董某诉至法院要求杨某偿还80000元借款本息。杨某抗辩称本案借款实际收到的金额并非80000元，在董某转账30000元至杨某账户后杨某应董某的要求取现支付利息，董某已预扣利息8000元。

法院认为，从董某提供的借款合同形式来看，采用格式合同且合同中出借人身份、利率标准等要素采用填空方式，本案具备职业套路放贷行为的典型特征，结合出借人分两次交付涉案借款，而借款人在收到第一笔30000元借款后立即取现的银行资金不正常流转现象，可认定借款人杨某关于本案借款预扣利息8000元的上诉主张的可信度高，应予支持，扣除杨某预付的头息8000元，本案实际交付借款本金应为72000元。

评析

民间借贷是指自然人、法人、其他组织之间及其相互之间进行资金融通的行为。但是经金融监管部门批准设立的从事贷款业务的金融机构及其分支机构，因发放贷款等相关金融业务的行为除外。《最高人民法院关于审理民间借贷案件适用法律若干问题的规定》第1条从主体的角度界定了何为民间借贷合同，但其仅指明借款合同中当事人相互进行资金融通的特点。《民法典》第667条则对借款合同的含义作了更清晰的说明。借款合同的特征如下：（1）向借款人交付借款并移转借款所有权构成借款合同的重要特征。（2）借款合同为消费借贷合同，借款需用于消费借贷，否则，便不成立借款合同。（3）我国《民法典》仅规定借款合同这一类型的消费借贷合同，但消费借贷还可涵盖以其他物为标的物的合同，针对此类无名合同，按照本法第467条，可参照适用借款合同的有关规定。

关于民间借贷的利息问题，《民法典》第680条规定了禁止高利放贷，借款的利率不得违反国家有关规定："借款合同对支付利息没有约定的，视为没有利息。借款合同对支付利息约定不明确，当事人不能达成补充协议的，按照当地或者当事人的交易方式、交易习惯、市场利率等因素确定利息；自然人之间借款的，视为没有利息。"《民法典》第670条明确规定了借款利息不得预先扣除：借款的利息不得预先在本金中扣除。利息预先在本金中扣除的，应当按照实际借款数额返还借款并计算利息。本条规范对象为当事人预先在本金中扣除利息的行为，其规范目的在于保障借款人的利益。《民法典》第670条的规定对于当事人利息支付方式和支付时间的自由约定在一定程度范围内作出限制。禁止预先自本金中扣除利息的原因在于，若承认当事人预先自本金中扣除利息的约定的效力，将会导致借款人实际受领的本金数额少于约定的数额，既然借款人未能使用此部分借款，自然应当以借款人实际受领的借款数额作为借款本金。为了贯彻合同公平原则，防止贷款人利用其优势地位通过要求借款人预先支付利息从而损害借款人的合法权益，本条禁止预先在本金中扣除利息。若借款合同当事人约定借款期限为一年，借款人应当每月支付利息，在偿还借款本金之前，借款人所支付的利息为对利息债务的清偿，不应受到本条规制。约定预先自本金中扣除利息所产生的法律后果为：此部分约定无效。借款本金应当按照借款人实际受领的借款数额计算。由于预先自本金中扣除利息的约定及利息清偿行为无效，故而应当视为借款人在借款之时未预先支付利息，在利息债务的履行期届至后，借款人仍应按照实际受领的借款本金计算出的利息向贷款人清偿。

借款时预扣利息是民间借贷的常见手段，不受法律保护。当事人提前预扣利息的方式日益隐蔽，法院应加大审查力度，并根据民事诉讼举证责任分配规则加大对利息扣头行为的规制，避免变相提前扣除利息行为的合法化。本案中董某所持有的借据系出借人身份、利率标准等要素采用填空方式的格式借据，且董某与杨某之间并非熟人关系，本案存在“套路放贷行为”的表象，虽然借据载明的金额与董某两次所汇金额相吻合，但根据董某一笔借款同日分两次汇付以及杨某收到第一笔款项后即时取现的异常现象可认定杨某预扣利息的盖然性大，相关金额应在本金中予以扣减，以实际的金额据实结算。

案例16：赠与人的任意撤销权与法定撤销权必须依法行使

——刘某、王某诉刘甲赠与合同纠纷案

案　情

刘某、王某系夫妻，有一女刘甲。刘某、王某与刘甲到某公证处办理房屋赠与及房屋受赠公证，内容为：“刘某、王某自愿将其房屋一套赠与女儿刘甲；刘甲自愿接受刘某、王某赠与的房屋。”此后，刘某、王某在该房屋内居住，刘甲在他处居住。刘某患病住院期间，刘甲和丈夫轮流到医院陪护刘某，并照顾王某。另刘甲自1982年至今共给付刘某、王某生活费4250元，节日给二人购买食品。后刘某、王某与刘甲夫妇因生活琐事发生矛盾。刘某、王某以刘甲严重侵害其权益、不履行赡养义务为由诉至法院，要求撤销其赠与刘甲房屋的行为。

法院经审理判决驳回了刘某、王某的诉讼请求。

评 析

本案涉及三个法律问题：（1）刘某、王某的赠与行为是否成立；（2）刘某、王某能否撤销其赠与行为；（3）本案是否具备法定撤销事由。分述如下：

第一，刘某、王某的赠与行为成立。《民法典》第 657 条规定："赠与合同是赠与人将自己的财产无偿给予受赠人，受赠人表示接受赠与的合同。"由此可见，赠与合同是一方当事人无偿地给予他人财产的合同，是双方的民事法律行为，只有当事人双方的意思表示一致时才能成立。本案中刘某、王某与其女刘甲自愿到公证机关办理赠与公证及受赠公证，公证内容表明，刘某、王某与刘甲的意思表示是一致的，即一方表示赠与，另一方接受赠与，因此刘某、王某赠与房屋的行为是依法成立的。

第二，刘某、王某不能撤销其赠与房屋的行为。《民法典》第 658 条规定："赠与人在赠与财产的权利转移之前可以撤销赠与。经过公证的赠与合同或者依法不得撤销的具有救灾、扶贫、助残等公益、道德义务性质的赠与合同，不适用前款规定。"本案中刘某、王某将其房屋赠送给刘甲的行为已经过公证处公证，根据该条规定，刘某、王某不得撤销赠与合同。

第三，本案不具备法定撤销赠与的事由。《民法典》第 663 条规定："受赠人有下列情形之一的，赠与人可以撤销赠与：（一）严重侵害赠与人或者赠与人近亲属的合法权益；（二）对赠与人有扶养义务而不履行；（三）不履行赠与合同约定的义务。赠与人的撤销权，自知道或者应当知道撤销事由之日起一年内行使。”经查证，刘甲多年来一直给付刘某、王某生活费，并给刘某、王某购买食品；在刘某患病期间，刘甲及其丈夫轮流护理刘某，同时照顾王某。刘某、王某未能提供相应证据证明刘甲严重侵害其权益、不履行赡养义务。据此，应认定刘甲作为刘某、王某之女，对刘某、王某履行了法律所规定的赡养义务。因此刘某、王某以刘甲严重侵害其权益、不履行赡养义务为由请求撤销赠与合同的主张是不能成立的。

案例 17：不定期租赁合同的当事人可以随时解除合同

——沈某诉俞某租赁合同纠纷案

案 情

2013 年 7 月，沈某与俞某签订了一份租赁合同。该租赁合同约定，沈某将其所有的一套门面房出租给俞某，租期为 3 年，自 2013 年 8 月 5 日至 2016 年 8 月 4 日，月租金为 9000 元。2016 年 8 月，该租赁合同约定的租赁期限届满，俞某打算继续租赁，沈某也没有收回该门面房，但双方并没有另行签订书面的租赁合同。2018 年 2 月，沈某打算收回出租给俞某的门面房自己用，双方因此产生争执。沈某起诉至法院请求解除其与俞某之间的租赁关系，并要求俞某支付自2018年1月1日起至交付门面房之日止的租金。

法院判决支持了沈某的诉讼请求。

评 析

租赁合同是出租人将租赁物交付承租人使用、收益，承租人支付租金的合同。关于租赁合同的租赁期限，应注意以下几点：

（1）《民法典》第705条规定："租赁期限不得超过二十年。超过二十年的，超过部分无效。租赁期限届满，当事人可以续订租赁合同；但是，约定的租赁期限自续订之日起不得超过二十年。"

（2）《民法典》第707条规定："租赁期限六个月以上的，应当采用书面形式。当事人未采用书面形式的，无法确定租赁期限的，视为不定期租赁。"根据该规定，租赁期限不满6个月的租赁合同，既可以采用口头形式也可以采用书面形式；租赁期限在6个月以上的租赁合同应当采用书面形式。

（3）《民法典》第730条规定，当事人对租赁期限没有约定或者约定不明确，依照本法第510条的规定仍不能确定的，视为不定期租赁。当事人可以随时解除合同，但出租人解除合同应当在合理期限之前通知承租人。

（4）《民法典》第734条第1款规定，租赁期间届满，承租人继续使用租赁物，出租人没有提出异议的，原租赁合同继续有效，但租赁期限为不定期。

本案中，沈某与俞某之间的房屋租赁期限届满后，作为承租人的俞某继续使用租赁房屋，而且沈某对此没有提出异议，虽根据《民法典》第734条规定原租赁合同继续有效，但租赁期限为不定期，而且双方对2006年8月后的租赁关系并未采用书面形式确定下来，因此该租赁关系是不定期租赁。对于双方间的不定期房屋租赁关系，根据《民法典》第730条规定，沈某和俞某均可以随时主张解除，但沈某要求俞某退还房屋应当给予合理的期限，俞某也应支付相应的租金。

案例18：定金数额不得超过主合同标的额的20%，超过部分无效

——刘某诉陆某双倍返还定金案

案 情

2017年11月17日，刘某与陆某签订了一份购买电脑的合同书，约定刘某向陆某购买电脑100台，每台价格3000元，付款方式是预付款10万元，余款在刘某验收合格后，一次付清，交货日期是2017年12月20日。刘某与陆某签订合同后，刘某按合同交款10万元给陆某，陆某向刘某出具了收条，收条上写明收到定金10万元。陆某收款后，没有按合同约定交货给刘

某，后经刘某多次催讨，陆某既没有交付电脑，也没有返还所收款项。2018 年 12 月 1 日，刘某起诉至法院，请求陆某双倍返还定金 20 万元。

评 析

刘某和陆某订立的合同真实有效，合同对双方的权利义务都作了约定，各方应切实履行，陆某在收取了刘某给付的 10 万元款项后，就应当按照合同约定的时间和要求交付刘某购买的标的物，可陆某收款一年多了，一直没有交货，陆某的行为完全违背了合同的约定，无法完成合同约定时间的交货义务，是一种严重不诚实信用的行为，应由陆某承担违约责任。陆某和刘某在合同中约定刘某先付预付款 10 万元，但陆某向刘某出具的收条上写明收到定金 10 万元，可视为陆某和刘某同意将预付款转为定金性质的改变，是对原合同的变更和补充，这 10 万元可以认定为定金性质。

定金是债的一种担保方式，也是合同法上的违约责任形式之一。关于定金罚则，《民法典》第 586 条规定，当事人可以约定一方向对方给付定金作为债权的担保。定金合同自实际交付定金时成立。定金的数额由当事人约定；但是，不得超过主合同标的额的 20%，超过部分不产生定金的效力。实际交付的定金数额多于或者少于约定数额的，视为变更约定的定金数额。《民法典》第 587 条规定，债务人履行债务的，定金应当抵作价款或者收回。给付定金的一方不履行债务或者履行债务不符合约定，致使不能实现合同目的的，无权请求返还定金；收受定金的一方不履行债务或者履行债务不符合约定，致使不能实现合同目的的，应当双倍返还定金。

本案中的合同标的额为30万元，10万元的定金数额超过了主合同标的额的20%，根据《民法典》第586条第2款“定金的数额由当事人约定；但是，不得超过主合同标的额的百分之二十，超过部分不产生定金的效力”的规定，超过的4万元部分不能认定为定金，只能认定为货款。根据定金罚则，收受定金的一方不履行约定的债务的，应当双倍返还定金。因此，陆某应向刘某双倍返还定金12万元，同时返还货款4万元。

三、婚姻家庭编

（一）婚姻

案例19：婚约取消后的彩礼返还问题

——张某某诉赵某婚约财产纠纷案

案　情

原告张某某与被告赵某经邵某介绍相识。后通过证人邵某，原告给付被告现金40000元及首饰四件作为订婚的彩礼。后原告又向被告送了两箱酒、两条烟、两盒茶叶、几袋糖。后原、被告未能登记结婚，被告也未将上述彩礼退还。为此，原告诉至法院。法院在审理过程中，被告当庭将首饰四件退还原告。

评析

婚约，亦称订婚，是男女双方当事人为了结婚而对婚姻关系所作的事先约定。我国法律对婚约问题未作明确规定，因此订婚并非结婚的必经程序，婚约本身也不具有法律上的拘束力，如果当事人一方解除婚约，不能要求其承担违约责任，更不能强制其履行结婚义务。但在现实生活中，订婚是社会上普遍存在的习俗，伴随着婚约的订立，一般情况下还会有财产的转移，即婚约的当事人会向对方赠送一定的财物，俗称“彩礼”。因婚约的解除而产生的财产纠纷在多数情况下就是对婚约订立时和订婚之后，当事人单方赠送的财物或者互赠的财物的归属发生的争议。

《最高人民法院关于适用〈中华人民共和国民法典〉婚姻家庭编的解释（一）》第5条对当事人请求返还按照习俗给付的彩礼的问题作出了明确规定：“当事人请求返还按照习俗给付的彩礼的，如果查明属于以下情形，人民法院应当予以支持：（一）双方未办理结婚登记手续；（二）双方办理结婚登记手续但确未共同生活；（三）婚前给付并导致给付人生活困难。

适用前款第二项、第三项的规定，应当以双方离婚为条件。”

根据该条规定，彩礼的返还分成两种情况：对于双方没有结婚的，应当返还彩礼；已经结婚又离婚的，原则上彩礼不再返还。作为特殊事项，上述解释列举出两种情形之下，即使在双方之间缔结了婚姻关系，离婚后彩礼也应当返还。一种是双方结婚后一直并未共同生活的，另一种是因为给付彩礼导致给付人生活困难的。

本案中，法院认为，根据《最高人民法院关于适用〈中华人民共和国民法典〉婚姻家庭编的解释（一）》的规定，即双方未办理结婚登记手续的，法院应支持当事人要求返还彩礼的诉讼请求。彩礼虽具有赠与的外观，但法律后果与普通的赠与却大相径庭。被告关于原告给予其彩礼的行为为赠与行为的抗辩，法院不应支持。原、被告经人介绍相识，后双方未能登记结婚，原告给付被告的彩礼，被告应当予以返还。

案例20：结婚和离婚必须符合法律规定的条件和程序

——曹某被包办婚姻案

案 情

曹某，女，18岁时由于父母包办嫁到他乡。成婚时，因年幼无知，没有领取结婚证。婚后，曹某经常遭到男方周某的打骂、欺侮。后由于周某出轨，致一女怀孕，该女要周某与曹某离婚后与其结婚。后双方同意离婚，当要求村负责干部开证明时，村干部以当初没领结婚证等理由，置之不理。曹某与周某私下写了“离婚书”，双方捺了指印，结束了夫妻生活。分手后，曹某与一男青年结识，对方提出要和她结婚，曹某便与其结婚。

评 析

《民法典》第1046条至第1049条对结婚的实质要件和形式要件作出了明确规定：

（1）婚姻自由。结婚必须男女双方完全自愿，不许任何一方对他方加以强迫或任何第三者加以干涉。禁止包办、买卖婚姻和其他干涉婚姻自由的行为。

（2）必须达到法定结婚年龄，男不得早于22周岁，女不得早于20周岁。

（3）必须不是直系血亲和三代以内的旁系血亲。

（4）双方必须均未患有医学上认为不应当结婚的疾病。

（5）形式要件。要求结婚的男女双方必须亲自到婚姻登记机关进行结婚登记。取得结婚证，即确立夫妻关系。未办理结婚登记的，应当补办登记。补办登记的，婚姻关系的效力从双方均符合结婚的实质要件时起算，而不是从补办登记时起算。

只有完全满足上述条件的婚姻，才是合法的婚姻并受到国家法律的保护。本案中，曹某未达法定婚龄，由父母包办嫁到他乡，没有依法进行婚姻登记即和男方以夫妻名义共同生活，双方之间的关系应属于同居关系而非婚姻关系，因而也就谈不上离婚。即使他们要离婚，用写“离婚书”的方式私下离婚，也是不符合我国法律规定的。

根据《民法典》第1076条和第1079条规定，离婚有两种方式：一是协议离婚。即男女双方自愿离婚的，准予离婚。双方必须到婚姻登记机关申请离婚。婚姻登记机关查明双方确实是自愿并对子女和财产问题已有适当处理时，发给离婚证。二是诉讼离婚。即男女一方要求离婚的，可由有关部门进行调解或直接向人民法院提起离婚诉讼。如夫妻感情确已破裂，经调解无效，人民法院应准予离婚。

本案中，曹某与周某因未办理结婚登记手续，因此不成立婚姻关系，曹某与另一男青年结婚，不违反一夫一妻制的原则，也不构成重婚。

案例21：夫妻对共同财产，有平等的处理权

——石某诉邓某芬人身损害赔偿纠纷案

案情

石某与邓某芬系夫妻关系，5月26日凌晨，被告邓某芬向熟睡的原告石某连砍13刀，致其重伤。海南省司法精神病鉴定

委员会出具的海司鉴定结论证实：邓某芬患有偏执型精神分裂症，本次作案不具有刑事责任能力。石某被砍伤住院治疗期间，共花去9265.28元，是从夫妻共同财产中支付的。另查明，被告邓某芬在5月26日之前，就有多次反常行为表现，其家属不知这是什么原因促成的。6月17日，石某以夫妻感情破裂为由提起离婚诉讼。经法院审理，于同年9月5日判决准予石某与邓某芬离婚。本案庭审中，石某又变更诉讼请求，要求增加赔偿医疗费用5000元。

评 析

本案的争议焦点在于，双方为夫妻关系，在婚姻存续期间，被告对原告造成的人身损害，被告是否存在对夫妻之间发生的损害进行赔偿的前提条件和物质基础。

一审法院认为原告的主张缺乏事实根据和法律依据，故不予支持。一审宣判后，原告不服，提起上诉。二审法院认为：上诉人与被上诉人原系夫妻关系。被告因患偏执型精神分裂症，在不能辨认自己行为后果的情况下砍伤原告，不具有刑事责任能力。根据《民法典》第1062条、第1063条和第1065条的规定可知，男女双方可以约定婚姻关系存续期间所得的财产以及婚前财产归各自所有、共同所有或者部分各自所有、部分共同所有。约定应当采用书面形式。没有约定或者约定不明确的，视为男女双方采取夫妻共同财产制。本案中，原告与被告对财产并无约定，被告除对夫妻共同财产享有平等的占有、处理权外，没有个人财产，这就决定了被告不存在对夫妻之间发生的损害进行赔偿的前提条件和物质基础。原告在夫妻关系存续期间被妻子砍伤后，治疗的大部分费用已从夫妻共同财产中支付。离婚后，又按照当时各自的具体情况对夫妻共同财产进行了分割。因此，原告在离婚后诉请赔偿，缺乏事实根据和法律依据。

（二）收养

案例22：收养的法定条件和程序

——吴某诉舒某确认收养关系纠纷案

案 情

吴某与丈夫舒某钊婚后未生育子女，收养舒某发为养子，后舒某发因故不幸去世，儿媳改嫁，孙女舒某枝由吴某夫妇抚养成人。经舒姓族人提议，吴某夫妇将已成年的舒某按农村风俗过继为养重孙，由舒姓族人写了立约，但未到民政部门办理收养登记。舒某来到吴某家与吴某夫妇共同生活一段时间后便外出务工，此后舒某很少来到吴某家，偶尔来也只是看望一下，对吴某照料较少。吴某认为舒某对其未尽赡养义务，双方之间的收养关系违背了收养法的相关规定，是无效收养行为，法院应依法判决吴某与舒某之间的收养关系无效。

一审法院认为：原告吴某与被告舒某按农村风俗订立收养协议时被告已年满14周岁，亦未到民政部门办理收养登记，且原告夫妇是在已收养一名子女的情况下又收养一名子女，不符合收养的法律构成要件，故双方的收养行为无效，被告对此亦不持异议。原告要求确认收养行为无效的请求，法院应当予以支持。被告辩称要求原告给付经济补偿，因未提供相关证据予以佐证，故不予采信。据此，一审法院判决原告吴某收养被告舒某的行为无效。一审宣判后，被告不服，提起上诉。二审法院判决：驳回上诉，维持原判。

评 析

本案的争议焦点在于，原告与被告之间是否存在收养关系，能否得到法律保护。收养行为涉及收养人、被收养人、送养人三方当事人，只有在三方当事人均符合法律规定的条件的情况下，收养才成立。(1) 哪些人可以被收养。《民法典》第1093条规定，下列未成年人，可以被收养：①丧失父母的孤儿，②查找不到生父母的未成年人，③生父母有特殊困难无力抚养的子女。(2) 哪些人可以作为送养人。《民法典》第1094条规定，下列个人、组织可以作送养人：①孤儿的监护人，②儿童福利机构，③有特殊困难无力抚养子女的生父母。(3) 哪些人可以作为收养人。《民法典》第1098条规定，收养人应当同时具备下列条件：①无子女或者只有一名子女；②有抚养、教育和保护被收养人的能力；③未患有在医学上认为不应当收养子女的疾病；④无不利于被收养人健康成长的违法犯罪记录；⑤年满 30 周岁。

基于收养关系主体身份的多样性，法律针对一些特殊情况，放宽了收养条件。如《民法典》第 1099 条规定，收养三代以内旁系同辈血亲的子女，可以不受本法第 1093 条第 3 项、第 1094 条第 3 项和第 1102 条规定的限制。华侨收养三代以内旁系同辈血亲的子女，还可以不受本法第 1098 条第 1 项规定的限制。第 1100 条规定，无子女的收养人可以收养两名子女；有子女的收养人只能收养一名子女。收养孤儿、残疾未成年人或者儿童福利机构抚养的查找不到生父母的未成年人，可以不受前款和本法第 1098 条第 1 项规定的限制。

本案中，原告吴某与被告舒某按农村风俗订立收养协议时被告已年满 14 周岁，不符合被收养人的条件，原告夫妇是在已收养一名子女的情况下又收养一名子女，不符合收养人的条件，且双方亦未到民政部门办理收养登记，双方的收养行为无效。

关于收养手续的问题。《民法典》第 1105 条规定："收养应当向县级以上人民政府民政部门登记。收养关系自登记之日起成立。收养查找不到生父母的未成年人的，办理登记的民政部门应当在登记前予以公告。收养关系当事人愿意签订收养协议的，可以签订收养协议。收养关系当事人各方或者一方要求办理收养公证的，应当办理收养公证。县级以上人民政府民政部门应当依法进行收养评估。”

案例23：被收养的子女无权继承生父母的遗产

——柳某请求继承生母遗产纠纷案

案　情

柳某（女）有一个哥哥一个姐姐。在2岁时，由于大姨顾某没有生育能力，便被父母送给其收养。之后，柳某一直随顾某夫妇一同生活，和其生父母只在春节时见面，长大后，也未对生父母尽赡养义务。在30岁时，其生母去世，柳某向哥哥姐姐提出，自己也是其母亲所生，有权继承遗产，但遭到拒绝。于是，向法院起诉，要求继承遗产。

法院经审理查明：顾某夫妇收养柳某符合我国收养法的有关规定，是有效的收养。判决驳回柳某的诉讼请求。

评　析

收养即在原来没有父母子女关系的人们之间设立法律上的父母子女关系。收养关系一经成立，养子女和生父母间的权利和义务即因收养关系的成立而消除。

根据《民法典》第 1111 条的有关规定，自收养关系成立之日起，养父母与养子女之间的权利义务关系适用法律关于父母子女关系的规定；养子女与生父母及其他近亲属的权利义务关系，因收养关系的成立而消除。也就是说，被收养的子女不再承担赡养其亲生父母的义务，同时也丧失了继承其亲生父母遗产的权利。

但在两种情况下，被收养的子女可以分取生父母的遗产：第一，如果生父母生前立有遗嘱，将个人财产部分或全部赠与了被他人收养的亲生子女，那么被他人收养的亲生子女就有权取得受赠的遗产。第二，根据《最高人民法院关于适用〈中华人民共和国民法典〉继承编的解释（一）》第 10 条“被收养人对养父母尽了赡养义务，同时又对生父母扶养较多的，除可以依照民法典第一千一百二十七条的规定继承养父母的遗产外，还可以依照民法典第一千一百三十一条的规定分得生父母适当的遗产”的规定，被他人收养的亲生子女在对养父母尽了赡养义务的同时，又对生父母有较多的赡养，且生父母生前没有以立遗嘱的方式赠与其一定财产的，那么除了可以按照法定继承的规定来继承养父母的遗产外，其还可分得亲生父母的适当遗产。

本案中，柳某被收养后，一直随养父母共同生活，和生父母只是偶尔往来，没有对其进行赡养，生母也没有立下遗嘱分财产给她，因此她没有继承或分取生母遗产的权利。

四、继承编

案例24：尽了主要赡养义务的继承人，可以多分配遗产

——吴某诉钟某法定继承纠纷案

案情

李某、汤某系夫妻，收养了吴某、钟某两子女。汤某有房屋四套。后李某和汤某在一场车祸中同时死亡，吴某、钟某因继承房屋产生纠纷。吴某向法院提起诉讼，请求以其尽了主要赡养义务为由，要求多分遗产。钟某辩称，不同意汤某的诉讼请求，所有的房产应当按照法律规定依法进行均等分割。

评析

依照《民法典》第1127条规定，配偶、子女、父母是法定的第一顺序继承人，其中子女包括婚生子女、非婚生子女、养子女和有扶养关系的继子女。本案中吴某和钟某作为被继承人的养子女，同为第一顺序继承人。

根据《民法典》第1130条规定，我国法定继承中遗产分配的原则包括：

（1）同一顺序继承人继承遗产的份额，一般应当均等。这是法定继承中遗产分配的一般原则，即同一顺序的法定继承人应该平均分配遗产。该法条中的“一般”是指法律没有特别规定的情况。

（2）特殊情况下法定继承人的继承份额可以不均等。根据《民法典》的有关规定，“特殊情况”主要是指：①对生活有特殊困难又缺乏劳动能力的继承人，分配遗产时，应当予以照顾。继承人只有同时具备生活有特殊困难和缺乏劳动能力的情形时，才能在遗产分配时给予照顾，而且一旦具备了这两个条件就应当给予照顾。②对被继承人尽了主要扶养义务或者与被继承人共同生活的继承人分配遗产时，可以多分，不是应该多分，不具有强制性。③有扶养能力和扶养条件的继承人，不尽扶养义务的，分配遗产时，应该不分或少分，这是《民法典》继承编中权利义务相一致原则的重要体现。④继承人协商同意的，也可以不均等。

本案中，吴某对被继承人汤某、李某尽了主要赡养义务的事实，已经由发生法律效力的民事判决书作出认定，根据《最高人民法院关于民事诉讼证据的若干规定》第 10 条第 1 款第 6 项的规定“已为人民法院发生法律效力的裁判所确认的基本事实”，当事人无需举证证明，因此，该事实足可确认无误。根据《民法典》第 1130 条第 3 款规定：“对被继承人尽了主要扶养义务或者与被继承人共同生活的继承人，分配遗产时，可以多分。”

因此，二审法院判决吴某应当适当多分被继承人的房屋及其他遗产是符合法律规定的。

案例25：法定继承、遗嘱继承、遗赠、遗赠扶养协议的适用顺序

——邱某甲诉薛某某、邱某乙等遗嘱继承纠纷案

案 情

案外人殷某某在经被继承人邱某文委托、见证人姚某芬在场的情况下，书写代书遗嘱一份，内容为：“我叫邱某文，请殷某某作代书人，请姚某芬做见证人，在我百年之后，我的一切财产（包括位于延吉二村×号×室房屋中属于我的份额）由邱某甲和邱某乙二人继承，邱某甲继承三分之二，邱某乙继承三分之一，属于他们的个人财产。”被继承人邱某文在该份代书遗嘱上签字并捺手印。审理中，原告递交了该份代书遗嘱形成经过视频一份及邱某文签署遗嘱的照片资料，并申请代书人殷某某出庭作证。被告邱某丙对遗嘱的真实性不予认可，要求继承系争房屋1%的产权份额。另邱某文名下的定期存款应当多于原告主张10万元，均应由原、被告按法定继承分割。

评 析

公民有权处分自己合法所有的个人财产，遗嘱是遗嘱人生前按照自己的意思和想法处分自己财产的行为，体现的是遗嘱人的真实意志。公民设立遗嘱不需要征得继承人或其他组织和个人的意见，只要本人通过一定的形式作出意思表示，就发生法律效力。遗嘱人根据自己的意愿，还可以变更或撤销所立的遗嘱，无须与他人商议。根据《民法典》第 1123 条的规定，继承开始后，按照法定继承办理；有遗嘱的，按照遗嘱继承或者遗赠办理；有遗赠扶养协议的，按照协议办理。

立遗嘱作为一种法律行为，其生效必须具备法律规定的实质要件和形式要件：

（1）立遗嘱人在立遗嘱时必须具备完全行为能力，立遗嘱人在立遗嘱时是无民事行为能力人或限制民事行为能力人的，所立的遗嘱无效。

（2）遗嘱人的意思表示真实，受欺诈、胁迫所立的遗嘱无效。

（3）遗嘱的内容合法。如果遗嘱没有给既没有劳动能力又没有生活来源的继承人保留必要的份额，则该部分无效；遗嘱人以遗嘱处分了属于国家、集体或他人所有的财产，则该部分遗嘱无效。

（4）遗嘱的形式合法。遗嘱应当采取下列七种形式之一：公证遗嘱、自书遗嘱、代书遗嘱、录音遗嘱、录像遗嘱、打印遗嘱和口头遗嘱。其中，代书遗嘱、录音遗嘱、录像遗嘱、打印遗嘱、口头遗嘱必须有两个以上见证人在场见证，且见证人不得为无民事行为能力人、限制民事行为能力人，继承人、受遗赠人及与其有利害关系的人。

本案的争议焦点在于被继承人存在遗嘱，有遗嘱的，按照遗嘱继承。法院认为，根据《民法典》第1123条的规定，继承开始后，按照法定继承办理；有遗嘱的，按照遗嘱继承或者遗赠办理；有遗赠扶养协议的，按照协议办理。现被继承人邱某文留有遗嘱一份，已经其亲笔签名、捺印，原告同时提供了证人证言、视频及照片等证据予以佐证，符合相关法律规定的代书遗嘱的构成要件，应对遗嘱的真实性予以确认，按照遗嘱来分割遗产。

案例26：继承人没有表示放弃继承的视为接受

——严甲诉严乙房屋继承纠纷案

案　情

严某与陈某婚后生育子女严甲、严乙，陈某去世后严某购买房屋一套。严某去世后该房屋一直未实际分割。严乙将房屋产权人变更为严乙。严甲起诉至法院称，其对该房屋享有继承权，被继承人去世后，房屋一直没有进行分割。严乙在严甲不知情的情况下将房屋产权过户至自己名下，侵犯了严甲的继承权。

法院审理认为，严某去世时，继承开始。严甲在继承开始后，并没有作出放弃继承的表示，因此应当视为接受继承。严乙称其未提出异议，视为默认并放弃继承权的主张，因默示应有法律规定才能发生效力，故对此不予支持。一审法院判决：严甲、严乙共同继承被继承人房屋。

评 析

《民法典》第1124条规定了接受、放弃继承和接受、放弃遗赠的两种不同方式。《民法典》第1124条规定，继承开始后，继承人放弃继承的，应当在遗产处理前，以书面形式作出放弃继承的表示；没有表示的，视为接受继承。受遗赠人应当在知道受遗赠后60日内，作出接受或者放弃受遗赠的表示；到期没有表示的，视为放弃受遗赠。可见，《民法典》基本沿袭了《继承法》的规定，同时将司法解释中的内容补充了进来，增加了作出放弃继承的意思表示的方式，即需要以书面形式作出放弃继承的表示，更加有利于对继承人权利的保护，同时书面形式也为举证证明提供了便利。

（1）接受、放弃继承的形式：在实践中有的合法继承人愿意接受被继承人的遗产、有的则放弃继承，但不管接受或者放弃都要有一定的形式。①明示形式放弃。根据《最高人民法院关于适用〈中华人民共和国民法典〉继承编的解释（一）》第33条规定，继承人放弃继承应当以书面形式向遗产管理人或者其他继承人表示。第34条规定，在诉讼中，继承人向人民法院以口头方式表示放弃继承的，要制作笔录，由放弃继承的人签名。②默示形式接受。继承开始后，继承人没有作出放弃继承的意思表示，则视为接受继承。

（2）接受、放弃遗赠的形式：①明示形式接受。继承人接受遗赠的，应当在知道受遗赠后2个月内，用书面或口头形式作出接受的意思表示。②默示形式放弃。继承开始后，受遗赠人没有作出接受遗赠的意思表示，则视为放弃接受遗赠。

接受、放弃继承或遗赠还应当满足以下条件：①必须在继承开始后进行；②不得附条件和期限；③必须由享有继承权或受遗赠权的公民进行；④必须在法定期间内进行。

本案中严甲在继承开始后，并没有作出放弃继承的表示，因此应当视为接受继承。

五、侵权责任编

案例27：出借车辆造成他人损害的，出借人只在过错范围内承担赔偿责任

——许某诉徐某等交通事故侵权纠纷案

案　情

穆某驾驶登记车主为徐某的轻型厢式货车，途经某交叉路口地段由西向东行驶过程中，与由北向南驾驶二轮摩托车的季某发生碰撞，致季某重伤，双方车辆受损。季某因抢救无效死亡。根据某县交警队作出的事故认定，穆某对本案交通事故负次要责任，季某负主要责任。季某的妻子许某等近亲属作为原告，向法院起诉某保险公司、穆某、徐某，认为车辆使用者穆某作为直接的侵权主体，理应和车辆所有者徐某共同承担对死亡者季某的侵权赔偿责任。

法院审理认为，某保险公司为肇事机动车辆设定了最高保额为20万元的第三者责任保险，故其依法应当在第三者责任保险限额范围内对原告方承担赔偿责任。鉴于受害人季某应对本案交通事故负主要责任，故对原告方所受损失超过第三者责任保险限额的部分，应当由穆某根据其在事故中应负的责任予以

赔偿。徐某虽是穆某驾驶的肇事机动车辆的登记车主，但在穆某具有有关职能部门核定的驾驶资质下出借车辆给穆某，其对于本案交通事故的发生并无过错。故原告方主张徐某也应承担赔偿责任没有法律依据，不予支持。

评 析

本案涉及机动车交通事故责任的问题。对此问题，需要注意以下两点：

（1）关于机动车交通事故的一般规则，《民法典》第 1208 条规定："机动车发生交通事故造成损害的，依照道路交通安全法律和本法的有关规定承担赔偿责任。"主要涉及的是《道路交通安全法》第 76 条的规定，即"机动车发生交通事故造成人身伤亡、财产损失的，由保险公司在机动车第三者责任强制保险责任限额范围内予以赔偿；不足的部分，按照下列规定承担赔偿责任：（一）机动车之间发生交通事故的，由有过错的一方承担赔偿责任；双方都有过错的，按照各自过错的比例分担责任。（二）机动车与非机动车驾驶人、行人之间发生交通事故，非机动车驾驶人、行人没有过错的，由机动车一方承担赔偿责任；有证据证明非机动车驾驶人、行人有过错的，根据过错程度适当减轻机动车一方的赔偿责任；机动车一方没有过错的，承担不超过百分之十的赔偿责任。交通事故的损失是由非机动车驾驶人、行人故意碰撞机动车造成的，机动车一方不承担赔偿责任”。

（2）就机动车出借造成侵权事故而言，《民法典》第1209条规定：“因租赁、借用等情形机动车所有人、管理人与使用人不是同一人时，发生交通事故造成损害，属于该机动车一方责任的，由机动车使用人承担赔偿责任；机动车所有人、管理人对损害的发生有过错的，承担相应的赔偿责任。”据此，使用人作为直接的侵权主体，应该承担相应的赔偿责任，而出借人仅在对损害的发生有过错的情况下才承担责任，无过错则不承担责任。机动车所有人在将机动车出租、出借时应当对承租人、借用人进行必要的审查，如承租人、借用人是否有驾驶资格。同时，还应当保障机动车性能符合安全的要求，比如车辆制动是否灵敏等。机动车所有人没有尽到上述应有的注意义务，便有过错，该过错可能成为该机动车造成他人损害的一个因素，机动车所有人应当对因自己的过错造成的损害负相应的赔偿责任，否则，不承担责任。

案例28：学校对未成年学生有教育、管理和保护的义务

——吴某诉朱某、某学校人身损害赔偿纠纷案

案 情

吴某（8岁）与朱某（7岁）是某民办寄宿制小学一年级

学生，在同一宿舍住宿。某日晚10时许，吴某与朱某在宿舍内各自床上休息时，朱某将一枚橘子扔到吴某右眼上，致吴某右眼受伤，老师发现后即送吴某到校医务室治疗。吴某后被确认为十级伤残。因某学校与朱某互相推诿，拒不承担赔偿责任，故吴某诉至法院，要求两被告赔偿医疗费、护理费、住院伙食费、营养费、住宿费、交通费、伤残补助费、精神抚慰金、鉴定费、误学费等损失。

法院审理认为，无论对加害人朱某还是对受害人吴某，学校都有教育、管理和保护的义务。学校未充分履行此项义务，是导致本案伤害事故发生的主要原因，应当对伤害后果承担主要的赔偿责任。对朱某的加害行为，其监护人虽然无过错也应承担责任，但应承担次要责任。故判决，朱某的法定代理人朱某某承担30%的赔偿责任，学校承担70%的赔偿责任。

评　析

致害人朱某是无民事行为能力人，根据《民法典》第1188条第1款“无民事行为能力人、限制民事行为能力人造成他人损害的，由监护人承担侵权责任。监护人尽到监护职责的，可以减轻其侵权责任”之规定，对朱某的加害行为，其监护人依法是当然的赔偿主体。

学校虽然对在校未成年学生没有监护职责，但有教育、管理和保护的义务。本案的关键问题是确定学校应否对吴某的损害承担责任，承担何种责任。《民法典》第1199条规定："无民事行为能力人在幼儿园、学校或者其他教育机构学习、生活期间受到人身损害的，幼儿园、学校或者其他教育机构应当承担侵权责任；但是，能够证明尽到教育、管理职责的，不承担侵权责任。"根据该规定，对无民事行为能力人在校学习、生活期间受到人身损害的，采用过错推定原则，即幼儿园、学校或者其他教育机构应当证明自己已经尽到教育、管理职责，对该无民事行为能力人所发生的人身损害没有过错，否则就要承担责任。

根据法院查明的事实，吴某在某日晚10时许受到伤害，此时早已是寄宿学生熄灯就寝的时间。按照某学校的管理制度，学校里专门负责学生生活的老师应当对未成年学生的就寝情况进行巡视。事实证明，吴某、朱某等人超过规定时间未入睡，对这一异常情况，某学校没有及时发现并管理，以致本可避免的伤害事故发生。某学校对未成年学生没有充分履行教育、管理和保护的义务，主观上有一定的过错，理当成为本案又一责任承担主体。

需要注意的是，与学校或者其他教育机构对无民事行为能力人承担的责任不同，对限制民事行为能力人在校学习、生活期间受到人身损害的，采用过错责任原则。限制民事行为能力人在学校或者其他教育机构学习、生活期间受到人身损害的，如果该限制民事行为能力人或者其监护人能够证明学校或者其他教育机构没有尽到教育、管理职责，对该限制民事行为能力人所发生的人身损害有过错，学校或者其他教育机构就要承担责任。

案例29：环境污染纠纷中，实行举证责任倒置

——陆某诉甲公司环境污染侵权纠纷案

案情

甲公司排放的污水将陆某的鱼塘污染，导致陆某饲养的鱼虾大量死亡。当时，甲公司同意陆某低价出售因污染导致死亡的鱼虾，由其赔偿陆某出售的价格与市场价格的差价。陆某当日遂以每斤2元的价格出售了666.6斤鱼（当时市场鲢鱼零售价格为每斤2.60～2.70元）。后甲公司又不同意赔偿。陆某于是诉至法院，要求甲公司赔偿监测费、调解费、调查费、交通费和差价计人民币1326.62元。

甲公司辩称：流入陆某鱼塘的污水并不止甲公司一家，还有生活污水。

法院审理认为：甲公司没有证据证明其排污行为与陆某鱼塘内鱼虾死亡不存在因果关系。因此，陆某鱼塘内鱼虾死亡的损害后果应认定系甲公司排污行为造成，甲公司对该损失应当承担赔偿责任。

评 析

本案是环境污染侵权纠纷。环境污染责任作为一种特殊的侵权责任，其特殊性首先表现在采用了无过错责任的归责原则。依无过错责任原则，在受害人受有损害，污染者的行为与损害有因果关系的情况下，不论污染者有无过错，都应对其污染造成的损害承担侵权责任。

环境污染责任的另一特殊性体现在举证责任倒置，即《民法典》第1230条规定的“因污染环境、破坏生态发生纠纷，行为人应当就法律规定的不承担责任或者减轻责任的情形及其行为与损害之间不存在因果关系承担举证责任”。如果污染者不能提供证据证明其排污行为与损害结果之间不存在因果关系，就推定因果关系存在。

本案中，甲公司提出流入陆某鱼塘的污水并不止甲公司一家，还有生活污水，从而导致鱼塘内鱼虾死亡，但其并没有证据证明鱼虾死亡与其之间不存在因果关系，故甲公司应该承担陆某鱼塘内鱼虾死亡的后果，赔偿陆某卖鱼的差价以及为确定水质污染情况所支出的监测费。

另外，关于环境污染责任，还需要注意两点：一是两个以上污染者污染环境，污染者承担责任的大小，根据污染物的种类、排放量等因素确定。二是因第三人的过错污染环境造成损害的，被侵权人可以向污染者请求赔偿，也可以向第三人请求赔偿。污染者赔偿后，有权向第三人追偿。

案例30：医疗侵权损害赔偿原则上实行过错责任

——王某某诉某医院医疗损害赔偿纠纷案

案情

孕妇张某因“怀孕停经36+3周，双下肢浮肿2个月”，于2010年8月25日下午2时30分入住某医院。9月5日0时30分因产妇胎膜自破，即送入产房行胎监，凌晨1时出现宫缩，强度中下。产程进展迅速，凌晨2时50分宫口开全，8分钟后胎头娩出，随即出肩困难，肩呈横位，徒手入阴道逆时针旋转胎左肩30°娩出胎肩，阿氏评分6分，检查见新生儿左上肢肌力差。之后，新生儿王某某因分娩时左臂丛神经损伤引起左上肢功能障碍。经治疗至今仍未能痊愈，符合八级伤残。遂新生儿王某某为原告，其母张某、其父王某为法定代理人，将被告某医院诉至法院，请求赔偿。

法院审理认为，某医院在张某并无明显的剖宫产指征的情况下，行阴道试产符合医疗常规，并无过错。但产妇出现肩难产时，因医生经验不足，处理方法不当，某医院有一定的过错。因此某医院对王某某的损伤所产生的后果，应承担一定的赔偿责任。

评 析

本案涉及的是医疗损害责任的认定问题。所谓医疗损害责任是指医疗机构及其从业人员在医疗活动中，未尽相关法律、法规、规章和诊疗技术规范所规定的注意义务，在医疗过程中发生过错，并因这种过错导致患者人身损害所形成的民事法律责任。《民法典》第1218条规定："患者在诊疗活动中受到损害，医疗机构或者其医务人员有过错的，由医疗机构承担赔偿责任。"这一规定改变了依照《医疗事故处理条例》的规定，医疗争议案件须经医疗鉴定委员会鉴定，构成医疗事故才赔偿的做法。也就是说，患者受到损害，医疗机构只要有过错，就要承担赔偿责任，从而更好地保护了处于相对弱势地位的患者。

医疗机构或者其医务人员有过错的，医疗机构才承担赔偿责任，原则上由患者就医疗机构的过错承担举证责任。只在特殊情况下，如违反法律、行政法规、规章以及其他有关诊疗规范的规定，隐匿或者拒绝提供与纠纷有关的病历资料，伪造、篡改或者销毁病历资料，才适用过错推定责任原则，发生举证责任倒置。

此外，《民法典》第1219条对医务人员的说明、告知义务作了明确规定："医务人员在诊疗活动中应当向患者说明病情和医疗措施。需要实施手术、特殊检查、特殊治疗的，医务人员应当及时向患者说明医疗风险、替代医疗方案等情况，并取得其明确同意；不能或者不宜向患者说明的，应当向患者的近亲属说明，并取得其明确同意。医务人员未尽到前款义务，造成患者损害的，医疗机构应当承担赔偿责任。”

案例31：动物侵权的，动物饲养人或者管理人都可以成为责任主体

——李某诉徐某饲养动物损害赔偿纠纷案

案情

李某赶集回家途中，正好赶上徐某（未满18周岁）放牛回家，李某就跟在徐某骑着的马后一同往家走。途中徐某所骑马匹突然调头，将李某踏伤。当晚李某即被送到当地卫生院住院治疗6天，诊断为“左小腿软组织挫伤”，花费医疗费658.28元。后因对治疗费的承担达不成相关的协议，李某诉至法院，要求徐某承担相应的赔偿责任。

法院经审理认为：饲养的动物造成他人损害的，动物饲养人或者管理人应当承担民事责任。也就是说，在受到动物伤害时，受害人既可以选择动物的饲养人提起赔偿诉讼，也可以选择动物的管理人提起赔偿诉讼。本案致伤李某的马是徐某家的，该马在事故发生时由徐某放牧归来骑着回家，即事故发生

时马的管理人是徐某。因此，李某选择徐某作为诉讼的被告，是符合法律规定的，对李某的请求给予支持。

评 析

关于饲养动物损害责任，应当注意以下几点：

（1）《民法典》第1245条规定，饲养的动物造成他人损害的，动物饲养人或者管理人应当承担侵权责任，但是，能够证明损害是因被侵权人故意或者重大过失造成的，可以不承担或者减轻责任。很明显，该法条规定的是无过错责任的归责原则，即无论动物的饲养人或管理人是否存在过错，只要其饲养或管理的动物对他人造成了损害，动物饲养人或管理人就应当承担侵权责任。动物饲养人或者管理人如果想要减轻或者不承担责任，就必须证明被侵权人的损害是因为自己行为的故意或重大过失造成的。

（2）饲养动物损害责任的主体。动物侵权致人损害的，动物的饲养人或者管理人都是责任主体。至于管理人是有偿管理还是无偿管理，是长期管理还是临时管理，在所不问。

（3）违反管理规定，未对动物采取安全措施造成他人损害的，或者禁止饲养的烈性犬等危险动物造成他人损害的，动物饲养人或者管理人应当承担侵权责任。在这两种情形中，不存在过失相抵的问题。

（4）第三人的过错造成的饲养动物损害责任。因第三人的过错致使动物造成他人损害的，被侵权人可以向动物饲养人或者管理人请求赔偿，也可以向第三人请求赔偿。动物饲养人或者管理人赔偿后，有权向第三人追偿。

案例32：施工人在施工过程中未尽到安全注意义务的，应承担赔偿责任

——刘某诉甲公司人身损害赔偿纠纷案

案 情

某日晚11时50分，刘某骑电瓶车回家，行至大石西路时被慢车道一根粗长的工程用绳绊倒致昏迷。刘某经医院诊断，脸部多处受伤，两处大面积流血，面容严重受损，门牙被折断并脱落，手背、手掌、大腿两侧等多处被擦伤。为此，刘某花去医疗费、护理费、交通费等相关费用共计27666.60元。该工程用绳系甲公司为施工所设，在施工过程中并未设任何警示标志。之后，刘某多次找甲公司要求支付上述费用未果，遂诉至法院，要求甲公司承担赔偿责任。

法院审理认为，甲公司在道路上施工时放的样绳将刘某绊倒摔伤，甲公司未能举证证明其在施工工地外围已设置警示标志、采取了完善的安全措施，足以引起一般人的注意、避免损害发生，故甲公司应就刘某因被其工程用绳绊倒受伤

所致的损害承担赔偿责任。

评 析

施工人在公共场所、道路上挖坑、修缮、安装地下设施时，由于作业地方的公共性、高度流通性，施工人负有必要的安全保障义务，即必须设置明显的警示标志和采取有效的安全措施。具体包括以下几个方面的内容：

（1）设置的警示标志必须具有明显性。施工人设置的警示标志要足以引起他人对施工现场的注意，从而使他人采取相应的安全应对措施，如减速、绕行等。例如，在高速公路上施工，必须在距离施工现场较远的地方设置警示标志，而不能只在直接施工的地点设置警示标志；阴天或者夜间施工，应当设置必要的照明设备等。

（2）施工人要保证警示标志的稳固并负责对其进行维护，使警示标志持续地存在于施工期间。例如，应当保证警示标志牢固，防止被风刮走；在警示标志毁损时，应当及时修复等。

（3）仅设置明显的标志不足以保障他人的安全的，施工人还应当采取其他有效的安全措施。例如，在道路上挖坑，通常应当将施工现场用保护设施围起来，而不仅是提醒行人注意道路上的坑。施工人采取的措施，在正常情况下必须足以保证他人的安全。

根据《民法典》第 1258 条第 1 款规定，在公共场所或者道路上挖掘、修缮安装地下设施等造成他人损害，施工人不能证明已经设置明显标志和采取安全措施的，应当承担侵权责任。需要注意的是，施工人是指组织施工的单位或者个人，而非施工单位的工作人员或者个体施工人的雇员。施工人一般是承包或者承揽他人的工程进行施工的单位或者个人，有时也可能是为自己的工程施工。

案例33：提供劳务一方因劳务致人损害的，由接受劳务一方承担侵权责任

——郑某诉徐某、某保险公司人身损害赔偿纠纷案

案情

某日凌晨2时，司机杨某驾驶大型汽车行至某路段时，由于对路面动态疏于观察，遇紧急情况时采取措施不当，致车辆失控，将乘坐在车内的郑某甩出车外，郑某随后又被该车碾轧致重伤。交警大队就涉案交通事故出具事故认定书，认定杨某负事故全部责任，郑某不负事故责任。涉案汽车属徐某所有，杨某是徐某聘请的驾驶员。徐某已为该车向某保险公司投保第三者责任险，保险金额为50万元。郑某诉至法院，请求法院依法判令徐某与某保险公司赔偿各项损失合计642874.55元，并由徐某赔偿精神损害抚慰金3万元。

法院审理认为，杨某对涉案交通事故负全部责任，其行为构成侵权。涉案肇事车辆系被告徐某所有，杨某系徐某聘请的驾驶员，涉案交通事故发生在杨某根据徐某的指派从事雇佣活动的过程中，故涉案交通事故对郑某造成的人身损害，应由接受劳务一方徐某承担赔偿责任。故判决某保险公司赔偿郑某各项损失计314716.46元，徐某给付郑某精神损害抚慰金3万元。

评 析

本案涉及个人劳务关系中的损害赔偿责任的承担和法律适用。

（1）个人劳务关系的法律含义。个人劳务关系是接受劳务一方与提供劳务一方之间的特定关系，主要表现为提供劳务一方从事劳务职能范围内的行为，目的是为接受劳务一方创造经济利益或者其他物化利益，接受劳务一方承受这种利益，提供劳务一方得到相应报酬或补偿。理解个人劳务关系，应相对于用人单位与其工作人员的关系，从劳务双方的主体资格上把握。《民法典》第1191条第1款规定："用人单位的工作人员因执行工作任务造成他人损害的，由用人单位承担侵权责任……"其中的用人单位主体包括国家机关、企事业单位、私营企业、个体工商户等，工作人员主体包括公务员、事业单位聘任制人员以及上述用人单位的一般工作人员和临时雇佣人员。不属于上述用人单位和工作人员主体资格范围的个人之间的劳务关系，则为个人劳务关系。即接受劳务方一般不具有受《劳动法》或《公务员法》调整的劳动关系或人事关系的用人单位主体资格，或不具有工商登记资格和社团法人登记资格。如个人之间、家庭与个人之间、农村承包经营户与个人之间、个体工匠与学徒之间、帮工之间，为个人劳务关系。

（2）个人劳务损害赔偿责任的承担。《民法典》第1192条第1款规定："个人之间形成劳务关系，提供劳务一方因劳务造成他人损害的，由接受劳务一方承担侵权责任。接受劳务一方承担侵权责任后，可以向有故意或者重大过失的提供劳务一方追偿。提供劳务一方因劳务受到损害的，根据双方各自的过错承担相应的责任。"据此，提供劳务一方因劳务致人损害的，不论提供劳务一方主观上是故意、重大过失还是一般过失，均由接受劳务一方承担侵权责任。

知识产权篇

知识产权法主要是解决智力成果的归属和利用问题的法律规范，包括著作权、商标权、专利权及其他科技成果权。知识产权法，从法律部门的归属上讲，仍属于民法，是民法的特别法。民法的基本原则、制度和法律规范大多适用于知识产权，因此也适用《民法典》中的一般规定，如《民法典》第123条就规定了知识产权的定义。

我国的知识产权法体系包括著作权法、商标法和专利法。2019年4月23日《商标法》、2020年10月17日《专利法》、2020年11月11日《著作权法》相继进行了大幅度的修正，进一步强调了知识产权保护的重要意义，加大了对知识产权的保护力度，提出了相应的具体举措，回应了新时代下出现的新现象、新问题。

本篇根据相关立法的发展，对案例进行了更新，选取专利权、著作权、商标权纠纷案件，使读者学会用法律去维护自己的知识产权权益，同时也避免侵犯他人的权益。

一、著作权

案例1：应征入选的广告语属于著作权法所保护的作品

——李某诉某化妆品厂著作权归属纠纷案

案情

李某在报纸上看到某化妆品厂发布的广告语征集活动的启事，要求文字简洁易记，体现企业和产品的特色，并设一、二、三等奖若干。李某想到绝妙广告语一条，遂在规定的日期内寄给化妆品厂。一个月后，化妆品厂在报纸上公布了获奖名单，李某发现其广告语中了二等奖，将获价值300元的奖品。该厂在公告中同时刊登一则声明，称“获奖作品版权归本厂所有”。李某在颁奖时获荣誉证书及奖品一份。数月后，李某发现化妆品厂在许多场合均使用了其所应征的广告语，遂与化妆品厂要求协商确认著作权归其所有，同时立即停止使用该广告语并赔偿损失数万元。协商未成，李某即向法院起诉。

评析

本案主要涉及以下几个法律问题：（1）广告语属于著作权

法所保护的作品。《著作权法实施条例》第2条规定，著作权法所称作品，是指文学、艺术和科学领域内具有独创性并能以某种有形形式复制的智力成果。本案征集入选的广告语完全符合这个要求，它是以文字形式表现的作品，是李某独立创作的，能以某种有形形式复制的智力创作成果。广告语，不论其水平如何，对企业来说都可以称为用于商务活动的“商务标语”；但对创作者来说，则考虑的是它的内涵和艺术感染力，这就决定了这种创作是“文学、艺术和科学领域内”的活动。因而，在这个领域内所产生的“智力创作成果”，在符合作品的其他条件下，就是著作权法所称的作品，受著作权法的保护和调整。

（2）化妆品厂在评选结果公告中单方面宣布“获奖作品版权归本厂所有”没有法律依据。著作权首先归创作作品的作者享有，这是我国《著作权法》的立法核心。根据我国《著作权法》的规定，著作权是不能买断的，但著作权可以在几种情况下不归创作者享有：一是法人或非法人单位视为作者的作品；二是职务作品中由法人或非法人单位享有除署名权以外的著作权的其他权利的作品；三是委托创作合同约定著作权归委托人享有的作品。除此以外，著作权中的财产权利可以依法转移或转让。本案中化妆品厂单方面宣布“获奖作品版权归本厂所有”，不符合上述任何一种情况，该单方声明是无效的，没有任何法律依据，也不产生任何法律效力。

（3）化妆品厂对李某应征的广告语并不当然享有专有使用权。根据《著作权法》第26条规定，使用他人作品应当同著作权人订立许可使用合同，本法规定可以不经许可的除外。许可使用合同包括下列主要内容：许可使用的权利种类；许可使用的权利是专有使用权或者非专有使用权；许可使用的地域范围、期间；付酬标准和办法；违约责任；双方认为需要约定的其他内容。本案当事人之间并没有依法签订这样的许可使用合同，因此化妆品厂对应征的广告语不享有专有使用权。

案例2：除法律另有规定外，职务作品的著作权由作者享有

——高某诉某学校著作权侵权纠纷案

案 情

高某在某小学从事教学工作，按学校要求，高某每学期都要编写和上交教案，先后上交教案48册。后高某提出返还教案，但学校只归还了4册，余下44册下落不明。高某遂向法院起诉，要求学校返还教案本并赔偿经济损失，被法院驳回。接着提出上诉，二审维持了原判。后检察院提起抗诉，再审仍维持了二审判决。高某认为学校的行为严重侵犯了自己对教案的著作权，故申请再审，要求确认学校侵权，并赔偿经济损失6000元。

法院经审理认为，本案中的教案是高某为完成教学工作任务而编写的，应当属于职务作品。但是，教案编写并不是主要依靠学校的物质技术条件完成的，也不是由学校来承担法律责任的。依照《著作权法》之规定，教案作品的著作权应归高某所有。本案中，教案本作为作品的唯一载体，被学校私自处理后，作品本身的著作权已经无法实现。因此，学校的行为已经侵犯了高某的著作权，应承担相应的责任。据此，法院判定：学校的行为侵犯了高某的著作权，应赔偿高某经济损失5000元。

评　析

职务作品是公民为完成法人或者其他组织工作任务所创作的作品，职务作品的著作权属于作者还是单位在著作权法上有明确规定。

根据《著作权法》第18条规定，一般情况下，职务作品的著作权由作者享有，单位享有下列权利：（1）在业务范围内优先使用；（2）作品在完成2年内，未经单位同意，作者不得许可第三人以与单位使用的相同方式使用该作品。特定情形下，著作权归单位所有，作者仅享有两项权利：署名权和获得奖励权，其情形是：（1）主要是利用法人或者其他组织的物质技术条件创作，并由法人或者其他组织承担责任的工程设计图、产品设计图、地图、示意图、计算机软件等职务作品；

(2) 报社、期刊社、通讯社、广播电台、电视台的工作人员创作的职务作品；(3) 法律、行政法规规定或者合同约定著作权由法人或者其他组织享有的职务作品。本案中教案虽然属于职务作品，但并非依靠学校物质条件完成的，也未与学校约定著作权的归属，因此其著作权应该由教案作者享有，学校不得侵犯。

二、专利权

案例3：疾病的诊断和治疗方法不能授予专利

——刘某就祖传秘方申请专利被驳回案

案 情

刘某家族世代行医治病，有祖传秘方。刘某对祖传秘方进行钻研，经过潜心思索和多次实验，终于创制出了治疗肿瘤的特效药，该药经试验，对治疗肿瘤有一定疗效。刘某决定对其祖传秘方向专利局申请专利。

专利局经审查认为，刘某的发明虽然具备新颖性、创造性、实用性，但不能授予专利权。

评 析

《专利法》所保护的发明创造有3种：发明、实用新型和外观设计。发明是指对产品、方法或者其改进所提出的新的技术方案。实用新型是指对产品的整体或者局部的形状、构造或者其结合所提出的适于实用的新的技术方案。外观设计是指对产品的形状、图案或者其结合以及色彩与形状、图案的结合所作出的富有美感并适于工业应用的新设计。授予专利权的发明和实用新型，应当具备新颖性、创造性和实用性。授予专利权的外观设计与现有设计或者现有设计特征的组合相比，应当具有明显区别。

但并不是所有具有新颖性、创造性和实用性的发明创造《专利法》都予以保护，如以下两种情形：

（1）《专利法》第5条规定："对违反法律、社会公德或者妨害公共利益的发明创造，不授予专利权。对违反法律、行政法规的规定获取或者利用遗传资源，并依赖该遗传资源完成的发明创造，不授予专利权。"有的发明创造虽然具有新颖性、创造性、实用性，但如果推广应用会导致不良效果，有的甚至会带来巨大的破坏作用，严重损害人民的利益和社会秩序，因此，法律对这类发明作出限制，如类似"万能钥匙"的发明是不能获得专利权的。

（2）《专利法》第25条规定："对下列各项，不授予专利权：（一）科学发现；（二）智力活动的规则和方法；（三）疾病的诊断和治疗方法；（四）动物和植物品种；（五）原子核变换方法以及用原子核变换方法获得的物质；（六）对平面印刷品的图案、色彩或者二者的结合作出的主要起标识作用的设计。对前款第（四）项所列产品的生产方法，可以依照本法规定授予专利权。”

本案中，祖传秘方是肿瘤的诊断和治疗方法，根据《专利法》第25条第3项的规定，不得授予专利权。但刘某可以对其在祖传秘方基础上研制的药物申请专利。

案例4：不视为侵犯专利权的情形之先用权

——甲日用品厂诉乙茶具公司专利侵权纠纷案

案 情

甲日用品厂于2012年5月12日，向专利局申请了一种“能容纳不同数量和大小茶杯的托盘”的实用新型专利，该专利申请得到批准，2013年2月20日，获得了实用新型专利权。乙茶具公司在上述专利申请日前也独立研制出了相同的产品，并于2012年10月试生产该产品。因产品销路不错，乙茶具公司从2013年4月起扩大生产规模开始大量生产。甲日用品厂发觉后，向人民法院提起诉讼，要求乙茶具公司承担专利侵权的法律责任。

评析

《专利法》第11条规定："发明和实用新型专利权被授予后，除本法另有规定的以外，任何单位或者个人未经专利权人许可，都不得实施其专利，即不得为生产经营目的制造、使用、许诺销售、销售、进口其专利产品，或者使用其专利方法以及使用、许诺销售、销售、进口依照该专利方法直接获得的产品。外观设计专利权被授予后，任何单位或者个人未经专利权人许可，都不得实施其专利，即不得为生产经营目的制造、许诺销售、销售、进口其外观设计专利产品。"

据此规定，我国专利法依法保护专利权人对其专利产品或专利方法所享有的专有权，但也有例外情况，这里所指的"除法律另有规定的以外"是指《专利法》第75条规定的5种不视为侵犯专利权的行为：①专利产品或者依照专利方法直接获得的产品，由专利权人或者经其许可的单位、个人售出后，使用、许诺销售、销售、进口该产品的；②在专利申请日前已经制造相同产品、使用相同方法或者已经作好制造、使用的必要准备，并且仅在原有范围内继续制造、使用的；③临时通过中国领陆、领水、领空的外国运输工具，依照其所属国同中国签订的协议或者共同参加的国际条约，或者依照互惠原则，为运输工具自身需要而在其装置和设备中使用有关专利的；④专为科学研究和实验而使用有关专利的；⑤为提供行政审批所需要的信息，制造、使用、进口专利药品或者专利医疗器械的，以及专门为其制造、进口专利药品或者专利医疗器械的。

本案中，乙茶具公司在甲日用品厂的专利申请日前已经独立研制出了相同的产品，并于2012年10月试生产该产品，根据《专利法》第75条第2项的规定，乙茶具公司享有原有范围内继续制造、使用的权利，即所谓的先用权。所以，乙茶具公司行使先用权的行为，并不构成对甲日用品厂专利权的侵犯。

三、商标权

案例5：注册商标被撤销，撤销前未实际使用的，有效期内不具有可保护的实质性利益

——徐某诉甲公司商标侵权案

案　情

林某申请注册了A商标，核定使用在小型机动车商品上，后将A商标转让给徐某，该转让经国家商标局公告，但受让A商标后，徐某并未实际使用。之后，甲公司申请注册了B商标，核定使用在汽车商品上，并实际使用在甲公司生产的汽车

产品上。A 商标与 B 商标部分文字相同、字体相似，构成近似商标。徐某遂以甲公司侵犯其商品专用权为由，诉至法院。在法院审理过程中，甲公司以 A 商标的权利人无正当理由连续 3 年不使用为由，向国家商标局申请撤销 A 商标在小型机动车上的注册，国家商标局作出撤销 A 商标的决定。

法院经审理认为甲公司不构成对 A 商标的侵权，判决驳回徐某的诉讼请求。

评 析

根据《商标法》第 57 条第 2 项的规定，未经注册商标人的许可，在同一种商品上使用与其注册商标近似的商标，或者在类似商品上使用与其注册商标相同或者近似的商标，容易导致混淆的，属于侵犯注册商标专用权。本案中，A 商标和 B 商标构成近似商标，而 A 商标核定使用的小型机动车与 B 商标核定使用的汽车属相同或类似商品，因此，本案属于《商标法》第 57 条第 2 项规定的在同种或类似商品上使用与其注册商标近似的商标的情形，此种情形下，需“容易导致混淆”，方可构成侵犯注册商标专用权。但本案中，徐某未在小型机动车商品上使用 A 商标，A 商标未在有效期内实际发挥市场识别作用，消费者不会将甲公司使用在其生产的汽车商品上的 B 商标与徐某未使用的 A 商标相联系，市场中不可能造成相关公众的混淆，因此不构成对徐某商标的侵权。

此外，商标受保护的原因不在于标识形式本身，而在于它所代表的商品或服务及由商品或服务所体现的商誉。根据《商标法》第49条第2款的规定，注册商标没有正当理由连续3年不使用的，任何单位或者个人可以向商标局申请撤销该注册商标。本案中，甲公司据此申请商标局撤销了A商标。A商标在有效期内并未在核定使用的商品上实际使用，且因连续3年未使用已经被撤销，该权利在有效期内未能体现出其商业价值，即没有可保护的实质性利益存在，对于此类已被撤销的商标专用权，无须再给予追溯性的司法保护。

案例6：企业的注册商标不能被其他企业注册为域名

——甲服装公司诉乙公司商标侵权案

案情

甲服装公司对其产品的商标进行了注册并合理使用。甲公司经理上网时发现，其注册商标被其他公司注册成了域名，输入其商标即可进入其网站，并可在网站上直接购买产品。后经调查发现注册方乙公司也是一家服装公司。甲公司认为其作为商标的合法持有人，应当享有该注册商标的专用权，遂起诉至法院，要求乙公司承担侵权责任。

评 析

商标是商品的生产经营者在其生产、制造、加工、拣选或者经销的商品上，或者服务的提供者在其提供的服务上采用的，用于区别商品或者服务来源的，由文字、图形、字母、数字、三维标志、颜色或者其组合构成的，具有显著特征的标志。商标代表着商标所有人生产或经营的质量信誉和企业信誉、形象，是企业的一种无形资产。商标注册人对其注册商标享有专用权，即依法支配其注册商标并禁止他人侵害的权利。

《商标法》第 57 条对商标侵权行为进行了明确规定，即"有下列行为之一的，均属侵犯注册商标专用权：（一）未经商标注册人的许可，在同一种商品上使用与其注册商标相同的商标的；（二）未经商标注册人的许可，在同一种商品上使用与其注册商标近似的商标，或者在类似商品上使用与其注册商标相同或者近似的商标，容易导致混淆的；（三）销售侵犯注册商标专用权的商品的；（四）伪造、擅自制造他人注册商标标识或者销售伪造、擅自制造的注册商标标识的；（五）未经商标注册人同意，更换其注册商标并将该更换商标的商品又投入市场的；（六）故意为侵犯他人商标专用权行为提供便利条件，帮助他人实施侵犯商标专用权行为的；（七）给他人的注册商标专用权造成其他损害的。"

《最高人民法院关于审理商标民事纠纷案件适用法律若干

问题的解释》第1条规定：“下列行为属于商标法第五十七条第（七）项规定的给他人注册商标专用权造成其他损害的行为：（一）将与他人注册商标相同或者相近似的文字作为企业的字号在相同或者类似商品上突出使用，容易使相关公众产生误认的；（二）复制、摹仿、翻译他人注册的驰名商标或其主要部分在不相同或者不相类似商品上作为商标使用，误导公众，致使该驰名商标注册人的利益可能受到损害的；（三）将与他人注册商标相同或者相近似的文字注册为域名，并且通过该域名进行相关商品交易的电子商务，容易使相关公众产生误认的。”

本案中，乙公司为商业目的将甲公司的商标注册为域名，且甲、乙公司均为服装公司，很容易使相关公众产生误认，根据上述司法解释第1条第3项的规定，乙公司的行为侵犯了甲公司的注册商标专用权，应承担相应的侵权责任。

商 法 篇

商法是调整市场经济关系中商人及其商事活动的法律规范的总称，主要包括公司法、合伙企业法、证券法、企业破产法、保险法、票据法等内容。随着我国法律制度的健全，各个方面法律规范的完善，依法办事、依法解决纠纷的观念逐渐深入人心，对企业的投资者和管理者来说，了解商法知识更是一种必需。如果想投资办企业，就需要了解有哪些可供选择的企业形式，了解怎样去成立一个企业，了解设立企业过程中的责任、风险，了解企业从设立到终止过程中容易发生法律纠纷的事项，从而把问题“扼杀在萌芽中”，同时还需要了解作为投资者会享有哪些权利，承担哪些义务，不得为哪些行为。

企业组织形式有很多种，如个人独资企业、合伙企业、公司等，其中公司是社会经济活动最主要的主体，也是最重要的企业形式。从法律的角度，可以这样来描述公司：公司是一种组织；要成立公司这样的组织，需要符合《公司法》规定的条件，并按照相关程序一步步设立，最后登记成立；股东向公司投资换得股权，股东凭此可以行使股东权，如分得利润，管理公司；但是股东向公司投入的财产归公司所有，股东不能任意撤回出资，只能依法转让出资，对公司财产的管理需要股东会、董事会来集体决议处理；股东对公司债务承担有限责任。

与《公司法》联系密切的是《证券法》。公司可以通过发行股票、债券等证券来筹集资金，投资者也可以通过投资股票、债券等来获得经济利益。证券的发行、承销、上市、交易等都必须严格遵守证券法等相关法律法规的规定。虚假陈述、内幕交易、操纵市场、欺诈客户等违法行为是《证券法》明确禁止的。

另一部与《公司法》密切联系的法律是《企业破产法》。一方面，破产法在债务人无力清偿到期债务的特殊情况下建立了清偿债权和了结债务的公平程序；另一方面，破产法中的破产和解、破产重整制度也为陷入困境的企业提供了一种自我拯救的途径。因此不管是企业管理人还是企业的债权人，都有必要了解企业破产方面的知识。

本篇除了对上述三部法律中重要、复杂和常见的问题以案例形式进行介绍外，还选取了一些保险法方面的案例帮助读者了解现如今越来越普及的人身保险和财产保险方面的知识。

一、公　司

案例1：公司股东以其认缴的出资额或认购的股份为限对公司承担责任

——B公司诉A、甲、乙、丙四公司买卖合同纠纷案

案　情

甲、乙、丙三家法人公司分别出资50万元，设立A有限责任公司，主营纺织品的加工与销售。2016年5月3日，A公司与B公司签订供销合同一份，约定由B公司向A公司供应深蓝色布料，用于加工某款式西服套装，布料总价款132万元，货到后支付32万元，余款两月内付清。合同签订后，B公司将合同项下货物全部交付给A公司，A公司向B公司支付32万元货款后，随即投入生产。但2个月后，B公司并未收到A公司支付的尾款100万元。经查，A公司生产的服装款式老旧，再加上销路不畅，出现了大量滞销，且A公司多年来一直经营不善，长期处于亏损状态，已无力支付B公司的尾款。B公司与A公司多次交涉无果，但发现A公司的发起人甲、乙、丙公司经营状况尚佳，遂将A、甲、乙、丙四公司一起告上法庭，要求A公司支付尾款100万元，并赔偿延迟付款利息损失，同

时要求甲、乙、丙三家公司对此债务承担连带责任。

法院判决A公司在判决生效后7日内将尾款100万元支付B公司，同时赔偿B公司迟延付款利息损失；驳回B公司的其他诉讼请求。

评 析

本案涉及股东有限责任的问题。公司是企业法人，有独立的法人财产，享有法人财产权，公司以其全部财产对公司的债务承担责任。与其他企业形式相比，人们选择公司这种形式来进行经济活动，一个很重要的原因是股东承担有限责任。

股东有限责任，是指如果公司负债，则由公司名下的财产来偿还，偿还不了，可以进入破产程序，公司债权人对公司的现有财产按照债权比例受偿，公司偿还不了的部分不需要再偿还，公司股东对公司债务不承担责任。所以股东的有限责任意味着公司可以独立承担责任，开办公司的风险是有限额的，风险仅限于出资额。

但是，有限责任也不是绝对的，在特殊的情况下，可以否定对股东的有限责任保护，要求股东承担无限责任。《公司法》第20条第3款规定，公司股东滥用公司法人独立地位和股东有限责任，逃避债务，严重损害公司债权人利益的，应当对公司债务承担连带责任。

本案中，A公司与B公司签订的供销合同是双方真实意思的表示，且不违反法律、法规的强制性规定，合法有效。B公司依约履行了交付货物的义务，其要求A公司支付尾款的诉讼主张于法有据，应予支持。A公司是企业法人，应以其全部财产对公司的债务承担责任；而甲、乙、丙三公司作为A公司的股东，仅以其认缴的出资额为限对公司承担责任。

案例2：股东应当按期足额缴纳出资

——X公司、S公司诉J公司股东出资纠纷案

案　情

X公司、S公司、J公司决定成立一家生产化妆品的公司，经过协商后，决定以S公司为基础，将S公司改组成立一家新的公司L化妆品公司。为此，三家公司签订了发起人协议，并草拟了章程。其中，章程约定，X公司、J公司以货币出资，分别为300万元人民币，S公司以土地使用权和地上厂房出资，净资产评估为400万元人民币。在公司登记成立之日起6个月内，各方须办理完毕实物和产权转移手续。随后在工商银行开设账户，请来会计师事务所验资。X公司和S公司均缴纳了各自出资，而J公司承诺在公司登记成立之日起6个月内将投资款汇入公司账户。此后，J公司以种种理由不履行出资义务，使L公司经营活动因资金不足发生困难。三家股东因此发生争

议，诉至法院。

法院判决J公司足额缴纳出资并向X公司、S公司承担违约责任。

评析

股东对公司的出资构成公司资本，是公司存在和运行的物质基础。股东应当按期足额缴纳公司章程中规定的各自认缴的出资额或者认购的股份。出资义务是股东最基本的义务，这种义务既是一种约定义务，也是一种法定义务。如果股东未尽出资义务或随意撤回出资，不仅会直接影响公司的设立和运营，也会对其他股东和公司债权人产生影响。因此公司法对股东出资的形式、出资义务的履行、违反出资的责任等均有明确规定。

（1）股东出资的形式。股东可以用货币出资，也可以用实物、知识产权、土地使用权等可以用货币估价并可以依法转让的非货币财产作价出资，但不得以劳务、信用、自然人姓名、商誉、特许经营权或者设定担保的财产等作价出资。

（2）股东出资义务的履行。由不同出资形式的特点决定，股东履行出资义务的方式也不同。货币出资的履行方式最为简单，只需货币的实际交付即可，即将出资的货币存入设立中的公司在银行开设的账户。对于非货币财产出资，应当依法办理其财产权的转移手续。

（3）股东违反出资义务的责任。根据《公司法》第28条第2款规定，股东不按照前款规定缴纳出资的，除应当向公司足额缴纳外，还应当向已按期足额缴纳出资的股东承担违约责任。根据《最高人民法院关于适用〈中华人民共和国公司法〉若干问题的规定（三）》第13条第2款规定，股东未履行或未全面履行出资义务时，对债权人在未出资本息范围内对公司债务不能清偿的部分承担补充赔偿责任。

本案中，三家公司订立了章程决定成立L公司，该章程没有违反法律、法规的规定，合法有效，因此三家公司均应依据章程履行自己的出资义务。

案例3：记载于股东名册的股东，可以依股东名册主张行使股东权利

——H公司诉K公司股东资格确认纠纷案

案 情

2014年2月9日，G公司、F公司及K公司签订合同和章程，设立H公司。根据三方签订的合同和公司章程规定：公司注册资本为1400万元，由G公司出资770万元、占注册资本的55%；F公司出资420万元、占注册资本的30%；K公司出资210万元、占注册资本的15%，其中K公司的出资额由G公司

和F公司按其各自占注册资本相应比例代为垫付，并与各方出资同期缴付。同月，H公司在工商行政管理局登记注册。2015年9月7日经股东会同意，F公司将其持有的H公司30%的股权转让给G公司。当日进行了股东名册变更。此后，G公司与K公司双方就后者持有H公司15%股权问题进行多次协商未果。遂以H公司的名义诉至法院要求取消K公司的股东权利。

法院驳回了H公司的诉讼请求。

评 析

本案涉及股东资格的认定问题。股东资格是股东行使权利、承担义务的基础。取得股东身份的首要条件是向公司出资或认缴出资，或者合法继受公司股权，即具有实质上的投资关系。如果出资人已按规定履行了出资义务或者合法继受了公司股权，那么可以作为证明其具有股东资格的一个重要证据使用。但是股东资格的取得，不以是否履行出资义务为标准，而是取决于股东间的相互约定、公司章程、股东名册及公司登记管理部门的注册登记。股东不履行出资义务或抽逃出资，可以追究其相应的法律责任，可通过公司章程或者股东会议对其股东权利作出限制，但并不能仅以此否认股东的资格。

《公司法》第32条规定："有限责任公司应当置备股东名册，记载下列事项：（一）股东的姓名或者名称及住所；（二）股东的出资额；（三）出资证明书编号。记载于股东名册的股东，可以依股东名册主张行使股东权利。公司应当将股东的姓名或者名称向公司登记机关登记；登记事项发生变更的，应当办理变更登记。未经登记或者变更登记的，不得对抗第三人。”根据该规定，股东名册具有权利推定效力，即股东名册上记载的人，被推定为股东；股东登记具有对外的公示效力。因此，如果股东资格的争议发生在股东与公司、股东与股东、股权转让人与受让人之间，则应当以股东名册的记载为认定股东资格的依据；如果有人对股东名册上的记载有异议，必须承担举证责任。如果股东资格的争议发生在股东与第三人之间（公司、股东、股份转让人、股权受让人之外的人），则应该以股东登记为认定股东资格的依据。

本案纠纷发生在公司和股东之间，H公司2015年9月7日置备的股东名册上，明确记载了K公司为股东，而H公司又不能提供充分证据予以反驳，因此应当以股东名册为依据确认K公司的股东资格。

案例4：股东知情权受法律保护

——李某诉甲公司股东知情权纠纷案

案情

甲有限责任公司成立于1997年4月22日，法院的生效判决已确认李某持有该公司增资后1.2%的股权，并已判令该公司为李某办理股权工商登记手续。2014年12月16日，李某以特快专递形式向该公司的注册地邮寄了《依法查阅相关文件及会计资料的请求》，该特快专递上注明了该公司董事长邓某的手机号码，但邓某拒绝签收该邮件。故李某诉至法院，请求法院判令该公司提供自其成立之日起至判决生效之日止的股东会会议记录、董事会会议决议、监事会会议决议、财务会计报告、会计账簿及会计凭证，供李某查阅和复制。

法院判决支持了李某的诉讼请求。

评 析

股东对公司情况有知晓了解的权利，知情权是股东实现其他权利的一个重要基础。股东实现知情权的方式主要有以下几种：

（1）通过登记机关查询。公司的许多基本情况都在登记机关登记在册，股东可以向公司登记机关申请查询公司登记事项，法律也规定了公司登记机关应当提供查询服务。向登记机关查询一般是针对社会公众和股份有限公司的小股东。

（2）通过公司提供和公告的相关文件。《公司法》第165条规定：“有限责任公司应当依照公司章程规定的期限将财务会计报告送交各股东。股份有限公司的财务会计报告应当在召开股东大会年会的二十日前置备于本公司，供股东查阅；公开发行股票的股份有限公司必须公告其财务会计报告。”这是一个最常见的股东“知情”途径。

（3）股东自己到公司查阅和复制相关信息。《公司法》第33条第1款规定，有限责任公司股东有权查阅、复制公司章程、股东会会议记录、董事会会议决议、监事会会议决议和财务会计报告。第97条规定，股份有限公司股东有权查阅公司章程、股东名册、公司债券存根、股东大会会议记录、董事会会议决议、监事会会议决议、财务会计报告。相对于第二条途径，这条途径可以获得更多的信息。

关于会计账簿，根据《公司法》第33条第2款的规定，有限责任公司股东可以要求查阅公司会计账簿。同时为了避免股东滥用查阅权而影响公司的正常经营活动或泄露公司商业秘密，公司法对股东查阅公司会计账簿加以一定限制：股东要求查阅公司会计账簿的，应当向公司提出书面请求，说明目的。公司有合理根据认为股东查阅会计账簿有不正当目的，可能损害公司合法利益的，可以拒绝提供查阅，并应当自股东提出书面请求之日起15日内书面答复股东并说明理由。公司拒绝提供查阅的，股东可以请求人民法院要求公司提供查阅。需要注意的是，股东只有权要求查阅公司会计账簿，而无权要求复制。

本案中，法院的生效判决已确认李某是甲公司的股东，李某依法享有股东知情权，甲公司应当向李某提供公司自成立之日起至判决生效之日止的股东会会议记录、董事会会议决议、财务会计报告，供其查阅、复制，并提供公司会计账簿供其查阅。

案例5：有限责任公司股东对外转让股权，应当经其他股东过半数同意

——霍某诉卢某股权转让纠纷案

案情

甲有限责任公司股东为霍某、余某、何某和胡某。2004年8月5日，霍某、卢某签订《转让合同》，约定霍某将其持有的公司15%股份，以4万元价格转让给卢某，卢某于2013年11月30日前付清转让费。签订协议后，2013年9月30日卢某支付了转让费19343.89元给霍某。此后卢某未支付转让费余款。霍某于2015年1月16日向法院提起诉讼，要求判决卢某支付转让费余款及从2013年12月1日起按银行同期贷款利率计算的利息。

法院认为，霍某与卢某签订《转让合同》，由霍某转让股权给卢某，霍某并没有提供证据证明该股权转让行为经甲公司股东的同意，故霍某与卢某签订的《转让合同》无效，据此，判决驳回霍某的诉讼请求。

评 析

股权转让是股东在公司存续期间退出公司的最常用方式，股东依法享有转让股权的自由，但由于有限责任公司带有很强的人合性，为了保护股东间的合作关系，《公司法》根据有限责任公司股权转让对象的不同，区分股权的内部转让和外部转让作了不同的规定：

（1）股东间转让股权。由于股东之间转让股权不会破坏有限责任公司的人合性，所以《公司法》对此采取了宽容的态度，对于股东向公司的其他股东转让其全部或者部分股权的，法律没有专门设定任何限制，只要转让方与受让方协商一致，转让即可成立。

（2）股东向股东以外的人转让股权。股东向第三人转让股权，程序比股东之间转让股权复杂得多。《公司法》第71条第2款规定："股东向股东以外的人转让股权，应当经其他股东过半数同意。股东应就其股权转让事项书面通知其他股东征求同意，其他股东自接到书面通知之日起满三十日未答复的，视为同意转让。其他股东半数以上不同意转让的，不同意的股东应当购买该转让的股权；不购买的，视为同意转让。"因此，征得其他股东同意是对外转让股权的前提。

而且，根据《公司法》第71条第3款规定，经股东同意转让的股权，在同等条件下，其他股东有优先购买权。两个以上股东主张行使优先购买权的，协商确定各自的购买比例；协商不成的，按照转让时各自的出资比例行使优先购买权。

本案中，霍某在向股东之外的人卢某转让股权之前，没有就其股权转让事项书面通知其他股东征求同意，违反了法定程序，同时侵犯了其他股东的优先购买权，因此霍某与卢某签订的《转让合同》无效。

案例6：异议股东享有股份回购请求权

——路某诉甲公司股权回购纠纷案

案情

甲有限责任公司成立于2004年7月16日，路某是甲公司股东之一，出资额为32万元，占甲公司注册资本的9.75%。2014年1月27日，甲公司召开临时股东会，在路某出席且明确表示反对的情况下，股东会通过了将甲公司经营届满的期限从2014年10月24日延长至2024年10月20日的决议，后经双方协商股权回购事宜未果，路某于2014年4月16日向法院提起诉讼，请求判决甲公司以合理价格收购其股份。

法院判决支持了路某的诉讼请求。

评　析

本案涉及异议股东的回购请求权的问题。根据《公司法》第74条规定，有限责任公司的股东要求公司按照合理的价格收购其股权必须满足以下几个条件：

（1）股东对股东会的决议投反对票。股东反对股东会的决议是股东请求有限责任公司收购自己股票的前提。而反对的形式必须是股东投反对票，而不能采取提出异议等方式。股东会的记录是股东投反对票的直接证明。

（2）股东投反对票的决议必须属于《公司法》规定的三类决议之一，其他的决议不能导致公司回购自己的股份，即①公司连续5年不向股东分配利润，而该公司连续5年盈利，并且符合《公司法》规定的分配利润的条件的；②公司合并、分立、转让主要财产的；③公司章程规定的营业期限届满或者章程规定的其他解散事由出现，股东会会议通过修改公司章程使公司存续的。

（3）满足上述两个条件时，回购股权是公司的义务，公司必须与股东签订股权收购协议，否则股东可以向人民法院提起诉讼，要求公司以公平的价格收购其股权。股东起诉的条件是：第一，在股东会决议通过之日起60日内，股东与公司没有达成收购协议；第二，股东必须在股东会决议通过之日起90日内向人民法院起诉。

具体到本案而言，公司章程规定的营业期限届满或章程规定的其他解散事由出现时，公司本应解散，股东可以退出经营。持有公司多数表决权的其他股东通过股东会决议修改公司章程，决定公司存续，已与公司章程订立时股东的意愿发生重大差异，应允许对此决议投反对票的股东退出公司，不能要求少数表决权股东违背自己意愿被迫面对公司继续经营的风险。因此路某在对股东会作出的延长公司经营期限的决议明确表示反对的情况下，有权要求公司以合理价格收购其股权。

案例7：除章程另有规定外，股东资格可以继承

——丁某诉S公司股权继承纠纷案

案情

丁某之夫周某生前系S公司股东。2014年2月28日，周某死亡，留有遗嘱：其在S公司的股权由丁某继承。周某共有法定继承人4人，其他继承人对上述遗嘱无异议。2014年8月9日、8月17日，丁某致函S公司董事会要求S公司办理周某股权继承的工商变更登记手续，S公司未予回复。丁某遂以周某的股权依法可以继承为由，于2014年9月诉至法院，请求判令S公司立即办理丁某继承周某股权的工商变更登记手续。

法院认为，周某死亡时，S公司的章程并未对股东资格的

继承作禁止性规定，故丁某依据周某的遗嘱要求S公司办理股东变更登记手续的诉讼请求，符合法律规定，应予支持，遂判令S公司到工商部门将周某名下的全部股权变更至丁某名下。

评　析

股权作为公民的个人合法财产，自然属于遗产的一部分。但是如果公民的继承人众多，那么让他们加入公司同样会影响有限责任公司的“人合性”。因此，《公司法》第75条规定：“自然人股东死亡后，其合法继承人可以继承股东资格；但是，公司章程另有规定的除外。”这个规定给了公司选择的权利，可以在公司章程中对股权继承作出限定以保护公司的“人合性”。例如，可以在公司章程中规定，“当股东死亡时，其他股东有权选择购买股东的股权或者接纳该股东的继承人为股东”。在公司章程没有特别规定的情况下，自然人的合法继承人就享有继承股东资格的权利。

因此，按照《公司法》第75条的规定，只要在本案所涉继承开始时公司章程未对股东资格的继承作出禁止性规定，股东死亡后，其合法继承人即可继承股东资格。丁某的请求合法有据，应予支持。

案例8：股东大会决议的撤销之诉

——李某诉甲公司股东大会决议撤销纠纷案

案　情

李某是甲股份有限公司的股东，总持股数为132万股，占公司总股本的2.44%。2013年12月25日，甲公司在上海股权托管中心的网站上发布公告，通知于2007年1月26日在公司办公地召开2014年第一次临时股东大会，并详细告知了出席对象、会议审议事项、会议的出席登记方法等内容。2014年1月26日，股东大会如期召开，但实际到会的股东或代理人只有20人左右。股东大会通过了增选董事和出售子公司股权的议案。李某认为甲公司没有按照章程约定的通过邮件的方式通知全体股东参加股东大会，因此甲公司本次股东大会的召集程序不符合章程规定，遂诉至法院，请求判决撤销股东大会的决议。

法院认为，甲公司在股东大会的召集上有过失，虽然李某本身参与了股东大会，权利并未受到实际侵害，但从保护众多小股东的合法权益、维护法律严肃性和经济秩序的角度出发，对甲公司的这一股东大会决议予以撤销为妥。

评 析

参加股东会或股东大会并行使表决权是股东参与公司管理的重要方式，股东会或股东大会的召集和表决程序，应当严格按照法律和公司章程规定的程序进行，否则将导致股东会决议或股东大会决议被撤销的法律后果。

《公司法》第 22 条第 2 款规定："股东会或者股东大会、董事会的会议召集程序、表决方式违反法律、行政法规或者公司章程，或者决议内容违反公司章程的，股东可以自决议作出之日起六十日内，请求人民法院撤销。"撤销公司决议诉讼涉及的主要问题有：

（1）诉讼主体问题。享有该诉权的主体是公司股东，被诉主体是公司，没有提出诉讼的其他股东作为第三人参加诉讼。

（2）撤销事由问题。公司决议的可撤销事由有三个：①召集程序违反法律、行政法规或公司章程；②表决方式违反法律、行政法规或公司章程；③决议内容违反公司章程。需要注意的是，如果决议内容违反的不是公司章程而是法律、行政法规，则该决议的效力不是可撤销，而是无效。

（3）诉讼期间问题。公司决议撤销之诉的时间性较强，根据公司法规定，股东请求法院撤销决议的期间为 60 日，同时，根据《最高人民法院关于适用〈中华人民共和国公司法〉若干问题的规定（一）》第 3 条之规定，对超出该期限的公司决议撤销之诉，人民法院不予受理。

本案中，甲公司的股东名字和通信方式在股权托管中心已登记，这说明甲公司发行的不是无记名股票，其使用公司法规定的对发行无记名股票的公司适用的公告通知方式是不妥当的，而且甲公司的公司章程也明确规定了“公司召开股东大会的会议通知，应以专人或邮件方式送出”，因此甲公司股东大会的召集程序违反了法律和公司章程的规定，依法应予撤销。

案例9：发起人持有的本公司股份自公司成立之日起一年内不得转让

——D公司诉C公司股权转让纠纷案

案　情

2014年5月，A、B、C三公司共同投资2000万元，发起设立了F股份有限公司。其中，A公司出资800万元，占40%股份，B、C公司各出资600万元，各占30%的股份。2014年9月，C公司与D公司签订了一份《股权转让协议》，约定由C公司将持有的F公司10%的股份，以200万元的价格转让给D公司。上述协议签订后，D公司如约向C公司支付了股份转让款200万元，但C公司并未履行交付10%F公司股权的义务。D公司经多次交涉无果，遂诉至法院，要求C

公司立即履行交付股权义务。

法院认为，C 公司作为 F 公司的发起人之一，其在 F 公司成立不足半年的时间内，与 D 公司签订《股权转让协议》，违反了《公司法》第 141 条规定，应视为无效。据此，判决驳回了 D 公司的诉讼请求。

评　析

股份有限公司是典型的资合性公司，所以在股份转让方面不像有限责任公司一样，需要照顾股东的想法。股东的更换对公司、股东和其他人利益没有什么影响，所以《公司法》第 137 条规定：“股东持有的股份可以依法转让。”自由转让奠定了股份有限公司股份转让的基础。另外，由于股份有限责任公司的开放性很强，公众投资者很多，为了防止股份转让可能存在的道德风险问题，法律在规定股份自由转让的同时，也限制部分股份自由转让，主要包括：

（1）限制发起人股份转让。由于发起人对公司的成立和公司成立初期的财产稳定和组织管理具有重要影响，所以必须要对发起人所持股份的转让进行一定限制，避免其利用设立公司进行投机活动和逃避发起人责任。《公司法》第 141 条第 1 款规定：“发起人持有的本公司股份，自公司成立之日起一年内不得转让。公司公开发行股份前已发行的股份，自公司股票在证券交易所上市交易之日起一年内不得转让。”发起人不得转让股份的年限是强制性的，违反这一规定，不满一年出让其股份的行为是绝对无效的。

（2）限制董事、监事、高级管理人员转让其所持有的股份。公司的董事、监事、高级管理人员熟悉公司的日常经营，在公司的特殊地位使得他们可以了解到公司没有公开的、可能影响股票价格的内幕信息。为了避免他们利用这些内幕信息从事不正当的交易，损害公司、股东、外部投资者的利益，根据《公司法》第141条第2款规定，公司董事、监事、高级管理人员应当向公司申报所持有的本公司的股份及其变动情况，在任职期间每年转让的股份不得超过其所持有本公司股份总数的25%；所持本公司股份自公司股票上市交易之日起一年内不得转让。上述人员离职后半年内，不得转让其所持有的本公司股份。

案例10：公司税后利润在弥补亏损、提取公积金后才可进行股利分配

——王某诉S公司股东会决议无效纠纷案

案情

S公司作出临时股东会决议，以王某在担任S公司董事长期间配备了电脑为由，对除王某以外的每一名股东，发放价值

7500 元的电脑一台。价值 7500 元的电脑，股东以向 S 公司打借条的形式，借用 S 公司 7500 元现金，由借用人长期占用。王某认为，该决议违反了《公司法》第 20 条第 1 款和第 166 条的规定，违法对除王某以外的每一位股东发放现金进行分配，并以借款的形式企图长期侵占公司资金，严重损害了公司和王某的合法权益。王某诉至法院，请求确认 S 公司股东会作出的临时股东会决议无效。

法院判决确认 S 公司股东会作出的临时股东会决议无效。

评　析

税后利润的分配，关系到公司、股东、债权人、公司职工和国家等各不同利益主体的切身利益。这些不同利益主体之间的利益并不是一致的，甚至是冲突的，所以，利润分配并不是完全由公司自己决定的。根据《公司法》第 166 条规定，税后利润的分配顺序为：

第一，提取法定公积金。公司分配当年税后利润时，应当提取利润的 10% 列入公司法定公积金。公司法定公积金累计额为公司注册资本的 50% 以上的，可以不再提取。如果公司的法定公积金不足以弥补以前年度亏损的，在提取法定公积金之前，应当先用当年利润弥补亏损。

第二，经股东会或股东大会决议提取任意公积金。公司从税后利润中提取法定公积金后，经股东会或者股东大会决议，还可以从税后利润中提取任意公积金。

第三，向股东分配股利。公司弥补亏损和提取公积金后所余税后利润，除公司章程另有规定外，有限责任公司按股东实际缴纳的出资比例分配股利，股份有限公司按照股东持股比例分配股利。

由此可知，我国《公司法》限定了股利分配的条件，即公司的税后利润在弥补了公司亏损，提取一定比例的法定公积金以后，剩下的利润才可以按照一定的程序分给股东，以保持公司资本的稳定性，维护债权人的利益。如果公司的股东会、股东大会或者董事会违反法律的规定，在公司弥补亏损和提取法定公积金之前向股东分配利润，股东必须将违反规定分配的利润退还公司。

本案中，S 公司股东大会在未缴清税费、未提取法定公积金的前提下，决议对公司股东“补发价值 7500 元的电脑一台”，其实质为向股东分配利润。该决议违反了公司法关于利润分配的规定，根据《公司法》第 22 条第 1 款“公司股东会或者股东大会、董事会的决议内容违反法律、行政法规的无效”之规定，该决议应属无效。

案例11：未穷尽内部救济程序，股东要求解散公司将被驳回

——郝某诉甲公司解散纠纷案

案　情

2010年9月，郝某与李某、张某、尹某、孙某共同出资人民币350万元，依法组建了甲公司。其中郝某出资175万元，持有50%的股权；李某出资157万元，持有45%的股权。公司董事长（法定代表人）由李某担任。甲公司自2010年9月登记设立后，除在2014年1月、7月召开过两次股东会，决定公司要依法运作之外，从2014年7月至今，再没有成功召开过股东会和董事会，也未向股东通报公司的经营情况和分红等财务报表。郝某曾几次要求甲公司及李某提供财务报表，说明公司的经营情况和红利等资金使用情况，并召开股东会和董事会未果，遂诉至法院要求解散甲公司。

法院认为，郝某未举证证明已经穷尽了内部的救济手段，也不能证明公司目前存在的僵局通过其他途径不能解决，故其要求解散甲公司的主张不符合《公司法》第182条及《最高人民法院关于适用〈中华人民共和国公司法〉若干问题的规定(二)》第1条的相关规定，遂驳回了郝某的诉讼请求。

评　析

《公司法》第182条规定："公司经营管理发生严重困难，继续存续会使股东利益受到重大损失，通过其他途径不能解决的，持有公司全部股东表决权百分之十以上的股东，可以请求人民法院解散公司。"根据该条，公司股东的任何一方希望解散公司，均需要证明公司存在以下情形：

（1）公司经营管理发生严重困难。根据《最高人民法院关于适用〈中华人民共和国公司法〉若干问题的规定（二）》第1条的规定，"经营管理发生严重困难"主要包括以下几种情形：①公司持续2年以上无法召开股东会或者股东大会，公司经营管理发生严重困难的；②股东表决时无法达到法定或者公司章程规定的比例，持续2年以上不能做出有效的股东会或者股东大会决议，公司经营管理发生严重困难的；③公司董事长期冲突，且无法通过股东会或者股东大会解决，公司经营管理发生严重困难的；④经营管理发生其他严重困难，公司继续存续会使股东利益受到重大损失的。

（2）继续存续会使股东利益受到重大损失。所谓"重大损失"，既可以是既得重大利益的丧失，如公司已获得利润的丧失带来的股东分红的丧失，也可以是某种预期利益的重大损失，如股东投资获利的期待利益落空。

（3）通过其他途径不能解决。股东只有在用尽公司法赋予的股东权利，穷尽一切可能的救济手段，仍不能化解公司僵局时，才可提起解散公司之诉。如果公司股东各方没有设法通过其他途径解决纠纷，就唐突地诉讼至法院要求强制解散公司，其诉讼请求通常不会得到保护。例如《最高人民法院关于适用〈中华人民共和国公司法〉若干问题的规定（二）》第1条第2款就规定："股东以知情权、利润分配请求权等权益受到损害，或者公司亏损、财产不足以偿还全部债务，以及公司被吊销企业法人营业执照未进行清算等为由，提起解散公司诉讼的，人民法院不予受理。"

本案中，郝某作为持有甲公司50%股权的大股东，本可依法提议召开临时会议，也可向公司要求给予财务会计报告以及会计账簿等进行查阅，还可通过要求公司收购股份，甚至向股东以外的其他人转让股权的方式退出公司。在郝某没有穷尽公司内部救济手段的情况下，其要求解散公司的诉讼请求是不能得到支持的。

二、破　　产

案例12：债务人财产不足以清偿破产费用的，法院应终结破产程序

——某材料公司破产清算案

案　情

某市中级人民法院受理债务人某材料公司申请宣告破产一案后，依法组成合议庭进行了审理，并依法裁定宣告该企业破产，指定成立了清算组（后更名为破产管理人），对该企业财产进行清算，现该破产企业的清算工作已经结束，经清算，破产财产共计5399684.12元，破产费用共计6259073.11元，其破产财产不足以支付破产费用，以上情况某材料公司破产管理人已向债权人予以通报，无债权人提出异议。该公司破产管理人向法院申请终结破产程序。

法院审理认为，管理人的申请符合法律规定，依照《企业破产法》第43条第4款的规定，裁定：终结本案破产程序；未得到清偿的债权不予清偿；管理人继续履行其法定职责。

评　析

本案涉及破产费用的清偿问题。所谓破产费用，是指在破产程序进行过程中，为破产程序的顺利进行以及为破产财产的管理、处分等而必须随时支付的费用，主要包括：破产案件的诉讼费用，管理、变价和分配债务人财产的费用，管理人执行职务的费用、报酬和聘用工作人员的费用等。与之关联密切的概念是共益债务，共益债务是指在破产程序开始后，为全体债权人的共同利益而负担的债务。破产费用和共益债务具有一个共同的属性，即都是为债权人的共同利益而发生，这个属性决定了破产费用和共益债务优先于其他债权。根据《企业破产法》第43条的规定，破产费用和共益债务的清偿规则如下：

（1）在破产程序中，破产费用和共益债务是随时发生的，为了保证破产程序的顺利进行，当破产费用或者共益债务发生时，应当由债务人财产随时予以清偿。实践中，有的在破产费用或者共益债务发生后随时予以支付，有的则是在破产财产分配时预先予以扣除。

（2）与共益债务相比较，破产费用是破产程序本身所必需的费用，如果债务人财产不能支付破产费用，如不能支付债务人财产的管理费用或者管理人的报酬，将直接导致破产程序无法进行下去。因此，在债务人财产不足以同时清偿破产费用和共益债务的情况下，应当优先清偿破产费用。

（3）当债务人的财产不足以清偿破产费用时，按照比例对各项破产费用予以清偿。当债务人的财产足以清偿破产费用，但是不足以清偿共益债务时，同样按照比例对各项共益债务予以清偿。

（4）出现债务人财产不足以支付破产费用的情形，一般来说破产程序将无法继续进行，或者即使继续进行也没有实质意义。因此，人民法院应当依管理人的申请依法终结破产程序。

本案中，因为破产费用的数额超过了破产财产，因此在管理人向法院提起申请时，法院应当在收到请求之日起15日内裁定终结破产程序，并予以公告。

案例13：破产管理人对特定的个别清偿行为可请求法院予以撤销

——甲公司管理人行使破产撤销权案

案 情

法院于2017年12月3日依法受理了甲公司的破产申请，并指定某律师事务所担任破产管理人。甲公司管理人通过对甲公司财务的审查，发现甲公司于2017年10月12日与乙公司签订还款协议，由丙公司替甲公司偿还乙公司120万元的债务。甲公司于2017年10月13日与丙公司签订协议，丙公司代为偿还的部分从应向甲公司支付的房屋租金中扣除。丙公司于2017年11月给付乙公司120万元，甲公司扣减了丙公司的房租。甲公司管理人起诉要求撤销甲公司对乙公司清偿120万元债务的行为。

法院判决撤销甲公司与乙公司于2017年10月12日签订的还款协议，乙公司退还甲公司管理人120万元。

评　析

本案涉及破产程序中的撤销权问题。所谓破产撤销权，是指对债务人在破产申请受理前一定期限内所为的有害于破产债权人整体利益的行为，破产管理人有权请求法院撤销该行为。破产法规定撤销权的目的，在于恢复因破产人不当处分而失去的利益，保护全体债权人公平受偿的机会。《企业破产法》第31条、第32条分别规定了破产管理人行使撤销权的具体条件。

（1）《企业破产法》第31条规定，人民法院受理破产申请前一年内，涉及债务人财产的下列行为，管理人有权请求人民法院予以撤销：①无偿转让财产的；②以明显不合理的价格进行交易的；③对没有财产担保的债务提供财产担保的；④对未到期的债务提前清偿的；⑤放弃债权的。

（2）《企业破产法》第32条规定："人民法院受理破产申请前六个月内，债务人有本法第二条第一款规定的情形，仍对个别债权人进行清偿的，管理人有权请求人民法院予以撤销。但是，个别清偿使债务人财产受益的除外。"

第31条第4项与第32条所规范的行为都属于在人民法院受理破产申请前一定期限内债务人向债权人清偿债务的行为，两者的区别在于：①前者所规范的是清偿到期债务的行为，而后者所规范的是清偿未到期债务的行为；②前者所规范的行为发生在人民法院受理破产申请前6个月内，而后者所规范的行为发生在人民法院受理破产申请前1年内；③前者所规定的行为必须是在债务人不能清偿到期债务，并且资产不足以清偿全部债务或者明显缺乏清偿能力的情形下才能撤销，而撤销后者规定的行为则没有这样的要求。

本案中，甲公司在2017年10月13日与债权人乙公司签订还款协议，而法院在2017年12月3日受理了债务人甲公司提出的破产申请，属于在人民法院受理其破产申请前6个月内已不能清偿到期债务，并且资产不足以清偿全部债务，但仍对债务人进行清偿的情形，因此债务人的管理人有权请求人民法院予以撤销。

案例14：重整计划的通过，采取分组表决的方式

——袁某诉甲公司申请破产重整纠纷案

案情

某市中级人民法院于2017年9月14日受理债权人袁某申

请甲公司破产重整一案，并同时指定该公司重组清算组为管理人。法院于2017年9月26日裁定宣告甲公司进入破产重整程序。经2017年10月24日甲公司第一次债权人会议审查通过并经法院裁定，确认债权人共15家且均为普通债权人。甲公司管理人于2017年10月24日向法院和甲公司债权人会议同时提交重整计划草案。甲公司各债权人均为普通债权人，故甲公司债权人会议仅设普通债权组进行表决。经过表决，同意重整计划草案的有12家，不同意1家，弃权2家，同意重整计划草案的债权人所代表的债权额占债权总额的87.17%。甲公司债权人会议决议通过了重整计划。2017年10月25日，甲公司管理人向法院书面申请批准重整计划。

法院经审查认为，甲公司管理人请求人民法院批准重整计划的申请已符合法定条件。依照《企业破产法》第86条第2款之规定，裁定：批准甲公司重整计划；终止甲公司重整程序。

评 析

重整是指当企业法人不能清偿到期债务时，不立即进行破产清算，而是在人民法院的主持下，由债务人与债权人达成协议，制订债务人重整计划，债务人继续营业，并在一定期限内清偿全部或者部分债务的制度。通过重整程序，可以使陷入债务困境但有复苏希望的企业摆脱困境，恢复生机。其中，重整计划是整个重整程序的核心，是重整能否获得成功的关键。企业破产法对重整计划的制订和批准作了明确规定：

（1）重整计划的提交时间。债务人或者管理人应当自人民法院裁定债务人重整之日起6个月内，同时向人民法院和债权人会议提交重整计划草案。在6个月的期限届满后，经债务人或者管理人请求，有正当理由的，人民法院可以裁定延期3个月。债务人或者管理人未按期提出重整计划草案的，人民法院应当裁定终止重整程序，并宣告债务人破产。

（2）重整计划的批准。重整计划的表决，依照对特定财产享有担保权的债权、职工的劳动债权、所欠税款和普通债权的分类，分组进行。出席会议的同一表决组的债权人过半数同意重整计划草案，并且其所代表的债权额占该组债权总额的三分之二以上的，即为该组通过重整计划草案。各表决组均通过重整计划草案时，重整计划即为通过。自重整计划通过之日起10日内，债务人或者管理人应当向人民法院提出批准重整计划的申请。人民法院经审查认为符合法律规定的，应当自收到申请之日起30日内裁定批准，终止重整程序，并予以公告。只有经人民法院审查批准后重整计划才具有法律效力。

本案的情况较为简单，因为债权人仅为普通债权人，而没有担保债权人，因此仅设普通债权组进行表决即可。本案中，15位普通债权人中有12位同意重整计划，已经超过了一半，并且其所代表的债权占全部债权总额的87.17%，已经超过三分之二，因此法院批准债权人的重整计划并终结重整程序的裁定是正确的。

三、保　　险

案例15：已向投保人明确说明的免责条款有效

——高某诉某保险公司理赔纠纷案

案　情

高某以丈夫林某为被保险人，在某保险公司投保了终身保险与附加意外伤害医疗保险，保险受益人是高某，保险金2万元，缴纳保险费1250元。附加意外伤害保险规定："被保险人故意自伤、自残的，保险人不承担给付保险金的责任。"2个月后高某报案称，被保险人林某在家中做家务时不小心从阳台跌下，摔成重伤。遂请求保险公司支付医疗费2万元。保险公司经调查发现：被保险人受伤后被马上送往急救中心，急救中心的病历记录上记载，事故的发生原因是夫妻双方吵架，致使被保险人从阳台跳下。保险公司以保险事故是由被保险人故意行为引起的为由，作出拒绝给付保险金的决定。高某不服，起诉至法院。

法院经过审理认为：被保险人因住院造成的经济损失，是被保险人主观故意所致，符合合同的免责条款，因此，保险公司不承担保险责任。最终驳回高某的诉讼请求。

评　析

本案涉及保险合同之免责条款的适用问题。所谓免责条款，是指保险合同中载明的保险人不负赔偿或者给付保险金责任的范围的条款。免责条款主要体现在保险单责任免除一栏，内容一般包括：战争或者军事行动所造成的损失；保险标的自身的自然损耗；被保险人故意行为造成的事故；其他不属于保险责任范围的损失等。除此之外，散见在保险单其他条款中的涉及部分免除保险人责任的条款等也属于“免除保险人责任的条款”。

《保险法》第17条规定：“订立保险合同，采用保险人提供的格式条款的，保险人向投保人提供的投保单应当附格式条款，保险人应当向投保人说明合同的内容。对保险合同中免除保险人责任的条款，保险人在订立合同时应当在投保单、保险单或者其他保险凭证上作出足以引起投保人注意的提示，并对该条款的内容以书面或者口头形式向投保人作出明确说明；未作提示或者明确说明的，该条款不产生效力。”本条是对保险人说明义务的规定。根据该规定，在保险合同中订有免责条款的，保险公司的工作人员在订立合同时应当告知投保人有关保险合同免责条款的含义，否则该免责条款不产生效力。问题的关键是，在发生争议后，保险公司有责任举证证明其已经就该免责条款向投保人作了明确说明。

在本案中，保险公司举证证明投保人高某在注明“本人对保险条款，尤其是免责条款均已经了解，并且同意遵守”的投保单上签了字，保险公司已经履行了说明义务，所以该免责条款合法有效，法院驳回高某的诉讼请求是正确的。

案例16：人身保险的投保人在合同订立时，对被保险人应具有保险利益

——张某诉某保险公司保险合同纠纷案

案　情

张某为其公公王某向某保险公司投保10年期简易人身保险15份，保险金额20550元，指定受益人是张某的儿子即王某的孙子（时年5岁），被保险人书面同意并认可了保险金额。投保人张某与保险公司签订保险合同时，双方约定保险费的支付方式为按月从张某工资中扣交。一年半后，张某与王某之子因感情不和离婚，张某之子由张某之夫监护。离婚后，张某按时交纳保险费。之后被保险人王某病故，张某向保险公司申请给付保险金20550元。

法院认为，保险事故发生在保险合同生效之后，是保险合

同发生保险责任的条件，并不影响保险合同本身的效力，遂判决保险公司给付张某全部保险金 20550 元。

评　析

本案的争议焦点是：张某离婚后，对被保险人王某是否还存在保险利益，保险合同是否有效。

所谓保险利益又称可保利益，是指投保人或者被保险人对保险标的具有的法律上承认的利益。根据《保险法》第 31 条第 1 款、第 2 款规定，在以人的寿命和身体为保险标的的人身保险合同中，投保人对下列人员具有保险利益：（1）本人；（2）配偶、子女、父母；（3）前项以外与投保人有抚养、赡养或者扶养关系的家庭其他成员、近亲属；（4）与投保人有劳动关系的劳动者。此外，被保险人同意投保人为其订立合同的，视为投保人对被保险人具有保险利益。

人身保险合同的保险利益有如下特征：（1）合法性，人身保险合同的保险利益必须是合法利益，包括依法律的直接规定所产生的利益和依当事人的约定所产生的合法利益。（2）确定性，人身保险合同的保险利益必须是确定的现有利益。（3）人身保险合同的保险利益不能用金钱来衡量，不存在代位求偿问题。

需要注意的是，考察是否具有保险利益应当区分人身保险和财产保险，二者时间上的要求有所不同。《保险法》第 12 条第 1 款、第 2 款规定：“人身保险的投保人在保险合同订立时，对被保险人应当具有保险利益。财产保险的被保险人在保险事故发生时，对保险标的应当具有保险利益。”据此，人身保险的保险利益存在于保险合同订立时，在保险合同订立时要求投保人必须具有投保利益，否则合同无效；而发生保险事故时，则不追究是否具有保险利益。财产保险则要求被保险人在保险事故发生时，对保险标的应当具有保险利益，如果保险事故发生时，被保险人对保险标的不具有保险利益的，不得向保险人请求赔偿保险金。

本案中，合同订立时，张某作为投保人对王某的生命、身体健康是有保险利益的。在被保险人王某死亡时，虽然因投保人张某与其配偶已离婚，其对被保险人不再具有保险利益，但是此时保险利益是否存在已经不能再对合同效力产生影响。因此保险公司应当按照保险合同的约定给付保险金。

案例 17：未在宽限期内缴纳保险费的，保险合同的效力中止

——张某诉某保险公司保险合同纠纷案

案 情

张某为丈夫投保了 10 万元的人寿保险。缴费方式是每年人工收取费用。缴费期届满时，保险公司按保险合同规定的地址

向张某发出了催缴保险费通知书。由于张某搬家，也没有将新地址及时通知保险公司，故其没有收到保险公司发出的催缴保险费通知书，因此超过了最后期限还没有缴付续期保险费。后张某丈夫遭抢劫，人被杀害，财物被抢。张某向保险公司提出理赔申请。保险公司审查后发现，张某超过了宽限期还没有缴付续期保险费，保险单已经失效，保险公司不承担赔偿责任。张某认为，保险单失效的责任在保险公司，遂起诉至法院。

法院最终判决张某败诉。

评　析

在人寿保险合同中，按时缴纳保险费是投保人之法定义务。一般来说，投保人没有按期缴费主要出于以下两种情况：①投保人疏忽，忘记缴费；②投保人经济承受能力发生变化，听任保险合同失效。我国《保险法》第 36 条规定："合同约定分期支付保险费，投保人支付首期保险费后，除合同另有约定外，投保人自保险人催告之日起超过三十日未支付当期保险费，或者超过约定的期限六十日未支付当期保险费的，合同效力中止，或者由保险人按照合同约定的条件减少保险金额。被保险人在前款规定期限内发生保险事故的，保险人应当按照合同约定给付保险金，但可以扣减欠交的保险费。"第 37 条规定："合同效力依照本法第三十六条规定中止的，经保险人与投保人协商并达成协议，在投保人补交保险费后，合同效力恢复。但是，自合同效力中止之日起满二年双方未达成协议的，保险人有权解除合同。保险人依照前款规定解除合同的，应当按照合同约定退还保险单的现金价值。”此外，《最高人民法院关于适用〈中华人民共和国保险法〉若干问题的解释（三）》第8条规定：“保险合同效力依照保险法第三十六条规定中止，投保人提出恢复效力申请并同意补交保险费的，除被保险人的危险程度在中止期间显著增加外，保险人拒绝恢复效力的，人民法院不予支持。保险人在收到恢复效力申请后，三十日未明确拒绝的，应认定为同意恢复效力。保险合同自投保人补交保险费之日恢复效力。保险人要求投保人补交相应利息的，人民法院应予支持。”

根据上述规定，投保人应该在缴费期限方面注意如下几点：（1）在保险单规定的缴费期内至60日宽限期或经催告之日起30日内，投保人缴纳了保险费的，不受任何影响。在此期限内虽未交保险费，发生保险事故的，保险人应当按约定给付保险金，但可扣减欠交的保险费。（2）超过了60日宽限期或经催告之日起超过30日，至2年以内，投保人补缴了保险费以及利息并提出复效申请的，除被保险人的危险在中止期间显著增加的，保险单应当恢复效力，合同自投保人补交保险费之日起恢复效力，保险公司从复效之日起，继续承担承保责任。（3）在保险单复效之前，保险合同暂时失效。如果被保险人在保险合同暂时失效期内发生保险事故，保险公司不承担保险金给付责任。(4) 超过应该缴费日期2年以后，保险单就可能永远失效，保险公司有权解除合同，退还投保人保险单的现金价值。

本案中，保险公司每年给投保人寄送缴费通知书，是保险公司给顾客提供的一种附加服务。保险公司并没有义务通知投保人按期缴纳保险费。张某因疏于缴纳保险费而导致保险单失效，责任在自己，故不能得到保险金。

案例18：保险金额不得超过保险价值，超过的部分无效

——李某诉某保险公司理赔纠纷案

案情

某保险公司向农民宣传麦场夏粮火灾保险，村民李某于5月28日与该保险公司签订了一份保险合同，投保小麦7亩，预测亩产700斤，每斤0.4元，合计承保小麦4900斤，保险金额1960元。保期自同年6月5日小麦进入打麦场起，至7月5日止。在此期间，如果发生火灾，由保险公司负责赔偿。李某按期一次交清保险金额1%的保险费，合同生效。6月14日中午，李某回家吃午饭，麦场无人看管。突然起火，虽经村民们奋力抢救，但火灾严重，小麦所剩无几。当日下午，李某将火灾情况通知保险公司。保险公司协同公安局进行现场勘察，结论：

失火原因不明，剩下小麦250斤。李某要求赔偿1860元。保险公司认为，实际收成没有预计的4900斤，拒绝赔偿。李某遂起诉至法院。

法院判决：保险公司认为实际收成没有预计的4900斤，应负举证责任，否则应该以保险合同中的保险金额为依据。李某胜诉。

评 析

保险金额指保险人承担赔偿或者给付保险金责任的最高限额。例如，本案例中的1960元即是保险金额。保险价值是指投保人拥有的对保险标的合法处分权或者合法占有权的财产价值及其体现的市场价值。

《保险法》第55条规定："投保人和保险人约定保险标的的保险价值并在合同中载明的，保险标的发生损失时，以约定的保险价值为赔偿计算标准。投保人和保险人未约定保险标的的保险价值的，保险标的发生损失时，以保险事故发生时保险标的的实际价值为赔偿计算标准。保险金额不得超过保险价值。超过保险价值的，超过部分无效，保险人应当退还相应的保险费。保险金额低于保险价值的，除合同另有约定外，保险人按照保险金额与保险价值的比例承担赔偿保险金的责任。"所以，保险金额不得超过保险价值，超过的部分无效，被保险人不得对超过保险价值部分请求赔偿。

根据保险金额与保险价值的关系，把保险分为三种：一是足额保险，即保险金额等于保险价值的保险。足额保险应该注意市场价格变化，调整保险金额。发生损失时，得到十足的赔偿。二是不足额保险，即保险金额低于保险价值的保险，不足部分被看作投保人的自保。发生损失时，保险人按照保险金额与保险价值的比例承担赔偿保险金的责任。三是超额保险，即保险金额大于保险价值的保险。导致超额保险可能是由于：不了解市场行情，过高估计财产价值；投保人希望获得高于实际损失的补偿；客观条件发生变化，如市场价格浮动。超额部分，法律不保护。

本案中，保险公司认为小麦产量低于承保时的预测，认为本保险属于超额保险。但是，保险公司不能提出相关证据，法院不予支持。

四、证　　券

案例19：公开发行证券需符合证券法规定的条件和程序

——甲、乙、丙三公司证券发行行为的分析

案　情

甲公司向社会发售新股，由15个投资人认购完毕；乙公司向公司员工100人发行10万股，后又向该批员工发行20万股；丙公司向内部职工以广告形式发售100万股。试问，三公司的证券发行行为怎样定性，应符合什么样的条件，履行什么程序。

评　析

证券发行分为非公开发行和公开发行。《证券法》第9条第2款、第3款对公开发行进行了明确界定：“有下列情形之一的，为公开发行：（一）向不特定对象发行证券；（二）向特定对象发行证券累计超过二百人，但依法实施员工持股计划的员工人数不计算在内；（三）法律、行政法规规定的其他发行行为。非公开发行证券，不得采用广告、公开劝诱和变相公开方式。”据此可知，公开发行包括以下种类：

（1）向不特定对象发行证券。对象是否特定可以通过募集对象与证券发行人的相互关系确定。一般而言，如果两者存在相对稳定的业务关系，或者募集对象是在发行人处任职的个人，即为特定对象，如果不存在上述关系，则为不特定对象。向不特定对象发行证券，无论发行数目多少，无论认购数目多少，都构成公开发行。

（2）向特定对象发行证券累计超过200人，但依法实施员工持股计划的员工人数不计算在内。如果向特定对象发行证券，无论发行多少次，累计不得超过200人，否则属于公开发行，需经核准。

（3）法律、行政法规规定的其他发行行为。属于兜底条款，只要其他法律、行政法规一作出关于公开发行的相关规定，那么自然就纳入了《证券法》的调整范围。

（4）推定的公开发行。《证券法》第9条第3款规定："非公开发行证券，不得采用广告、公开劝诱和变相公开方式。"这一内容实际上规定了另外一种"公开发行"——名义上采用非公开发行，实际上却采用广告、公开劝诱和变相公开方式。

本案中，甲公司发行的股份虽只有15个认购人，但由于是向不特定对象发行的，因此仍然属于公开发行。乙公司股份的发行面向本公司员工，属向特定对象发行证券，且每次发行的对象都不超过200人，但该公司发行股份累计超过200人，所以仍属于公开发行。丙公司的发行对象也是本公司职工，属特定对象，但由于其采用了广告形式，仍归入公开发行之列。

公开发行面向的对象广泛，社会影响较大，因此，《证券法》作出了较严格的规定：

（1）公开发行证券，必须符合法律、行政法规规定的条件。比如设立股份公司时公开发行股票，应当符合《公司法》规定的条件和国务院证券监督管理机构规定的条件，公司首次公开发行新股，应当符合《证券法》第12条第1款规定的条件，公开发行公司债券，应当符合《证券法》第15条规定的条件。

（2）公开发行证券，必须依法报经国务院证券监督管理机构或者国务院授权的部门核准。未经核准，任何单位和个人不得公开发行证券。

案例20：严禁非法利用内幕信息

——况某等非法利用内幕信息被处罚案

案 情

某电器公司原董事会秘书况某是一起借壳上市项目的谈判中间人，经常赴目标上市公司所在地出差，有时也在家中通过电话讨论重组事宜，但并未向家人主动透露消息。况某的妻子张某听到丈夫电话内容后，对借壳上市项目有了一定了解，并将消息告诉况某的外甥女徐某，建议她买入该公司股票。随后，徐某进行了内幕交易并获利。

证监会认为，况某作为借壳项目的参与人，并未有意泄露内幕信息，然而也未采取必要的保密措施，致使内幕信息泄露给其妻子，后者又将内幕信息传递给徐某，最终导致了内幕交易。证监会决定对况某、张某分别处以3万元罚款，没收徐某的违法所得112346.05元，并处以112346.05元罚款。

评 析

《证券法》第53条第1款规定："证券交易内幕信息的知情人和非法获取内幕信息的人，在内幕信息公开前，不得买卖该公司的证券，或者泄露该信息，或者建议他人买卖该证券。"这是《证券法》对利用内幕信息的禁止性规定。同时《证券法》第53条第2款、第3款规定，持有或者通过协议、其他安排与他人共同持有公司5%以上股份的自然人、法人、非法人组织收购上市公司的股份，本法另有规定的，适用其规定。内幕交易行为给投资者造成损失的，应当依法承担赔偿责任。《证券法》第191条规定，证券交易内幕信息的知情人或者非法获取内幕信息的人违反本法第53条的规定从事内幕交易的，责令依法处理非法持有的证券，没收违法所得，并处以违法所得1倍以上10倍以下的罚款；没有违法所得或者违法所得不足50万元的，处以50万元以上500万元以下的罚款。单位从事内幕交易的，还应当对直接负责的主管人员和其他直接责任人员给予警告，并处以20万元以上200万元以下的罚款。国务院证券监督管理机构工作人员从事内幕交易的，从重处罚。违反本法第54条的规定，利用未公开信息进行交易的，依照前款的规定处罚。

关于内幕信息的界定问题。判断内幕信息，必须符合以下三个要件：（1）未公开的信息。内幕信息必须是处于尚未公开状态下的信息，这是世界各国立法的通例。（2）内幕信息是对证券的市场价格有重大影响的信息。（3）信息是与特定的证券发行人或证券相关的信息。《证券法》第52条规定：证券交易活动中，涉及发行人的经营、财务或者对该发行人证券的市场价格有重大影响的尚未公开的信息，为内幕信息。本法第80条第2款、第81条第2款所列重大事件属于内幕信息。

本案中，关于公司重组的信息属于公司股权结构的重大变化，符合《证券法》第52条规定，属于内幕信息。况某作为全面掌握重组的进展、前景、细节等极为敏感信息的人，本应保持高度谨慎，认真作好重组信息的保密与管理，然而其并未采取必要的保密措施，况某的行为构成《证券法》第53条规定的知悉内幕信息者在信息公开前“泄露该信息”的行为；张某作为况某的配偶，在家中听到况某电话中与人谈论的内幕信息后，将有关信息告诉了徐某，并建议徐某买入该公司股票，其行为构成了《证券法》第53条规定的知悉内幕信息者在信息公开前“泄露该信息”并“建议他人买卖该证券”的行为；徐某从张某处获悉内幕信息后，接受了张某的建议，多次买入该公司股票，其行为构成了《证券法》第53条规定的知悉内幕信息者在信息公开前“买卖该证券”的行为。

案例21：客户因证券公司的欺诈行为而遭受损失的，可以要求赔偿

——李某诉某证券公司欺诈纠纷案

案情

某证券公司业务部申报员张某见连日股价持续下跌，便利用职务之便，背着客户李某，擅自填写股票卖出委托单，申报将李某账户内的深发展A2.5万股卖出。卖出价为18元，合计45万元成交交割后，他利用自己操作的电脑，将卖出股票所得款45万元转入其女友的资金账户上，打算待该股股价继续下跌后，再将该种股票购进，用于归还李某的股票。但后来因为股市上扬，该种股票的股价也持续走高，张某不愿看到自己受到损失，仍希望待股价下跌后再行买入该种股票归还李某，故一直未买入。当李某委托卖出其账户内的该股票时，发现股票缺失，与证券公司几经交涉，证券公司拒绝提供有关股票买卖确认文件，也不提出任何处理意见。李某遂诉至法院。

评析

证券市场上的欺诈行为不仅损害了客户的利益，而且歪曲

了市场价格，破坏了证券市场的资源配置功能，削弱了证券市场信心和吸引力，加大了市场波动，在极端情况下甚至可能导致市场崩溃。因此《证券法》第57条对证券公司以及从业人员损害客户利益的行为作了禁止性规定。根据该条规定，损害客户利益的行为具体表现如下：

（1）违背客户的委托为其买卖证券。这种行为离不开以下三个条件：首先，客户和证券公司进行了买入或卖出证券的委托；其次，证券公司为客户买入或者卖出了证券；最后，证券交易结果不符合委托的内容。

（2）不在规定时间内向客户提供交易的确认文件。是指买卖成交后证券公司没有按规定制作买卖成交报告单交付客户。

（3）未经客户的委托，擅自为客户买卖证券，或者假借客户的名义买卖证券。私自买卖客户账户上的证券有两种情况：一种是证券公司或者其从业人员未经客户委托授权，擅自买卖客户账户上的证券；另一种是证券公司及其从业人员未经过其依法设立的营业场所私下接受客户委托买卖证券。假借客户的名义买卖证券，所买卖的可能是客户账户上的证券，也可能并不动用客户账户上的证券，而是假借客户的名义开立证券账户进行证券买卖。

（4）为牟取佣金收入，诱使客户进行不必要的证券买卖。这里所谓不必要的交易，主要是指对客户的经济利益来说没有必要，既不能获得多少利润，也不能减少多少损失的交易。

（5）其他违背客户真实意思表示，损害客户利益的行为。

欺诈客户行为给客户造成损失的，行为人应当依法承担赔偿责任。

本案中，张某未经客户李某授权，擅自将李某账户中的证券卖出，该行为构成了欺诈客户的行为。根据《民法典》第170条第1款规定："执行法人或者非法人组织工作任务的人员，就其职权范围内的事项，以法人或者非法人组织的名义实施的民事法律行为，对法人或者非法人组织发生效力。"张某是证券公司申报员，证券公司应对其欺诈行为造成李某的损失承担赔偿责任。

经济法篇

经济法是国家从整体经济发展的角度，对具有社会公共性的经济活动进行干预，管理和调控的法律规范的总称。经济法的体系十分庞大，内容繁杂，根据经济法所调整的经济关系的不同，可以将经济法的内容概括为以下几部分：调整国家干预市场经济运行过程中发生的经济关系的法律，主要有金融法、土地法、房地产法、环境保护法、自然资源法等；调整国家管理、规范经济秩序过程中发生的经济关系的法律，主要有反垄断法、反不正当竞争法、消费者权益保护法和产品质量法等；调整国家在对经济进行宏观调控中发生的经济关系的法律，主要有财政法、税法、价格法、会计法和审计法等。

本篇介绍的重点放在与民众生活密切相关的土地房产、消费者权益保护和反不正当竞争这几个方面的法律。

土地法和房地产法实质是两个法律，但是却密不可分，原因就在于我国房屋的所有权和土地的所有权是分离的。

我国土地是公有的，一种是国有土地所有权，一种是农民集体土地所有权。单位、个人对土地享有建设用地使用权、土地承包经营权、宅基地使用权等权利。本篇通过案例的形式对土地用途管制制度、建设用地使用权的取得、房屋征收与补偿、农村土地承包中发包方和承包方的权利义务等土地房产的法律法规进行了详细剖析。

消费者权益保护与个人生活密不可分。衣食住行都涉及消费，因此每个人的社会角色之一都是消费者，只有充分了解消费者享有的各种权利，才能确保自己的合法权益不受侵害。同时作为经营者，也应该熟悉自己所应承担的各种义务，如果违反了这些义务，就必须承担《消费者权益保护法》和《产品质量法》所规定的责任。

公平有序的竞争对于市场的发展是有利的。但是如果经营者在经营活动中违反诚实信用原则，实施商业贿赂、侵犯商业秘密、不正当有奖销售等不正当竞争行为，则会损害其他经营者和消费者的合法权益，因此《反不正当竞争法》对于依法应当追究法律责任的不正当竞争行为作出了明确规定。经营者有必要予以了解，以避免违法行为的发生。

一、土地房产

（一）土地管理

案例1：建设单位应当按照约定用途使用国有土地

——某商贸公司不按约定用途使用土地，被责令交还土地案

案 情

某商贸公司与某市国土资源局签订《国有土地使用权出让合同》，约定国土资源局将10947.4平方米的土地出让给商贸公司，用途为商业用地，出让期限为40年，用于商业街改造，商贸公司交纳出让金3481820.57元。该合同被某市人民政府批准。后国土资源局作出《关于交还土地的决定》，责令商贸公司交还未按照批准的“商业街改造”用途开发使用的国有土地7617.2平方米。商贸公司诉称，国土资源局迟迟不办理7617.2平方米土地的土地使用权登记，也未向商贸公司颁发《国有土地使用证》，商贸公司长期不按用途开发该7617.2平方米土地是市国土资源局不登记发证造成的，请求法院撤销国土资源局作出的责令商贸公司交还土地的决定。

法院判决维持国土资源局作出的《关于交还土地的决定》。

评　析

某市国土资源局作为土地行政主管机关，有权对本行政区域内的土地进行管理和监督。《土地管理法》第55条第1款规定：“以出让等有偿使用方式取得国有土地使用权的建设单位，按照国务院规定的标准和办法，缴纳土地使用权出让金等土地有偿使用费和其他费用后，方可使用土地。”本案中，商贸公司与国土资源局签订了出让合同，并且商贸公司已经交纳了土地出让金，其可以使用该宗土地。出让合同亦得到了某市人民政府的批准，商贸公司持有市政府的该批准文件，即可办理房屋拆迁以及开工的有关事项。商贸公司认为国土资源局未给涉案土地登记、发证因而商贸公司无法对涉案土地动工建设的主张，没有法律依据，法院不予支持。

《土地管理法》第56条规定：“建设单位使用国有土地的，应当按照土地使用权出让等有偿使用合同的约定或者土地使用权划拨批准文件的规定使用土地；确需改变该幅土地建设用途的，应当经有关人民政府自然资源主管部门同意，报原批准用地的人民政府批准。其中，在城市规划区内改变土地用途的，在报批前，应当先经有关城市规划行政主管部门同意。”商贸公司与国土资源局在出让合同中约定了该宗土地的用途是商业街改造，商贸公司即应按照合同约定的用途进行建设，其未进行建设属于未按批准用途使用土地的行为。因此国土资源局作出的《关于交还土地的决定》认定事实清楚，适用法律正确，程序合法，依法应予维持。

以出让等有偿使用方式取得国有土地使用权的建设单位，按照国务院规定的标准和办法，缴纳土地使用权出让金等土地有偿使用费和其他费用后，方可使用土地。本案商贸公司向国土资源局缴纳土地使用权出让金后，应当按照经过审批的用途，如期使用受让土地，其未按期开工使土地闲置的行为违法。

案例2：国家保护耕地，严格控制耕地转为非耕地

——张某诉某蔬菜专业合作社合同纠纷案

案 情

张某与某蔬菜专业合作社于2013年7月26日签订了《农业大棚土地租赁合同》，双方约定蔬菜专业合作社将其大棚租给张某用于农业生产，租赁期20年，自2013年5月1日至2033年4月30日，总租赁款为8.2万元。合同签订当日，张某将租金8.2万元交付蔬菜专业合作社，蔬菜专业合作社为张某出具了租金收据，并将上述大棚交付给张某。后张某以该农业大棚土地租赁合同违反法律法规强制性规定为由提起诉讼，要求：1. 确认该合同无效；2. 蔬菜专业合作社返还张某租赁费8.2万元及自2013年7月26日至判决生效之日的利息；3. 某

村民委员会与蔬菜专业合作社承担连带责任。

评析

一审法院认为，张某称与天津市某蔬菜专业合作社签订合同名为租赁大棚，实为在大棚处建筑房屋对外出租，影响了该土地的农业用途，致使合同无效，但张某提交的证据无法证明蔬菜专业合作社有建房行为或与建房行为有关。张某提出蔬菜专业合作社将属于某村民委员会的土地上的大棚租给张某致使合同无效的主张，于法无据，遂判决驳回了张某的诉讼请求。张某不服一审判决，提起上诉。

二审法院认为，（2015）武刑初字第353号刑事判决书已查明蔬菜专业合作社未经土地管理部门批准私自在耕地上建造房屋的事实，故对蔬菜专业合作社提出其未建造房屋的理由，应不予采信。蔬菜专业合作社实际向张某同时交付了房屋和大棚。《土地管理法》第37条第2款规定："禁止占用耕地建窑、建坟或者擅自在耕地上建房、挖砂、采石、采矿、取土等。"该规定属于法律的强制性规定。依据《民法典》第153条规定，张某与蔬菜专业合作社签订的农业大棚土地租赁合同因违反法律的强制性规定而应认定为无效。依据《民法典》第157条规定，合同无效或者被撤销后，因该合同取得的财产，应当予以返还。结合张某使用时间、双方约定的租赁期限及租金等情况，认定蔬菜专业合作社应向张某返还67675元。

本案中，张某在庭审中只是反复强调蔬菜专业合作社向其交付的是房屋，而不仅是大棚，但蔬菜专业合作社对此予以否认。交付是房屋还是大棚，似乎与双方签订的农业大棚土地租赁合同的效力并无关联。正是这一细节反映出张某主张为“房”而非为“棚”，蔬菜专业合作社主张为“棚”而非为“房”这一在签订合同目的上的冲突。法院对张某请求二审法院调查蔬菜专业合作社的法人曾因非法占用农用地而受刑事处罚的申请予以准许，查清了蔬菜专业合作社在占用耕地上建造房屋的事实，印证了张某所述的双方签订合同的真实目的。虽然双方签订的是农业大棚土地租赁合同，但双方实际履行的是以租赁大棚的合同形式代替售买房屋的实质。我国《土地管理法》第 37 条第 2 款规定：“禁止占用耕地建窑、建坟或者擅自在耕地上建房、挖砂、采石、采矿、取土等。”《土地管理法》第 44 条第 1 款规定：“建设占用土地，涉及农用地转为建设用地的，应当办理农用地转用审批手续。”上述规定为效力性强制性规定，在耕地上建造房屋违反了上述规定。故二审法院依据《民法典》第 153 条规定，认定双方签订的农业大棚土地租赁合同因违反法律法规的强制性规定，应属无效合同。

案例3：改变土地用途需经过程序审批

——某公司请求确认行政处罚决定及复议决定违法案

案　情

2008年10月，经某市工商行政管理局批准，原告某公司依法注册成立，在经济开发区开展5000头生猪养殖场建设项目。2009年年初经某开发区动物防疫监督所、某国土所、经济开发区、某市畜牧局审核完成了某畜禽养殖小区备案初审。2009年8月原告取得了盖有某市发展改革委员会公章的企业投资项目备案确认书，2009年11月取得某市环境保护局环境保护行政许可。一期建设项目完成后，2012年5月取得了建设用地规划许可证，2012年8月某市农村合作经济经营管理局为原告发放2008年、2009年、2010年的农业设施物权证。某市环境保护局因原告建设项目位于一级水源保护区内于2012年5月9日作出《环境保护责令改正通知书》，原告停止了建设和生产。2016年原告生猪养殖项目所在区域被调整为二级水源保护区。2014年9月至2018年5月期间，原告对该项目进行了续建和改造，其中违法占地面积为25841平方米，违法建筑面积为16380平方米。2014年11月3日，某市国土资源局以某公司未经批准在某村占地建房为由下达了《责令停止违法行为通知书》，2016年7月21日，自然资源局以某公司在某村养殖用地范围内改变土地用途建住宅用房为由下达了《责令改正通知书》。原告某公司于2016年7月24日向国土资源局作出承诺书，于2017年4月14日向某市国土资源局作出保证书，二者的主要内容为：更换养殖品种；改变经营模式；改变养殖方式；压缩建设模式等方式保护水源；不改变其作为设施农业的用途；不开展养老等其他活动。

2018年5月23日自然资源局以某公司在某村占耕地搞建设及使用设施农用地搞非农业建设为由对其进行立案调查，国土资源局于2018年8月15日依法召开了听证会。国土资源局认为原告在未取得国土部门合法用地审批手续的情况下，擅自在某村占耕地搞建设及使用设施农用地搞非农业建设的行为，违反了《土地管理法》第43条、第44条的规定，并于2018年12月19日作出行政处罚决定："1. 责令退还非法占用的土地。2. 限十五日内自行拆除非法占用土地上新建的建筑物（16380平方米）和其他附属设施。恢复耕地（8293平方米）种植条件，恢复设施农用地（17548平方米）土地平整。3. 对非法占用的8293平方米旱地，处以20元/平方米的罚款，罚款计165860元。对非法占用的17548平方米设施农用地，处以10元/平方米的罚款，罚款计175480元。罚款总计341340元。"该处罚决定是对原告某公司整体项目中部分项目的处罚。原告某公司不服，于2019年2月14日向某市人民政府申请复议。2019年4月4日，被告某市人民政府作出行政复议决定："维持被申请人作出的《行政处罚决定书》。”原告某公司不服，于2019年7月23日提起行政诉讼。

评析

根据《土地管理法》第44条规定，建设占用土地，涉及农用地转为建设用地的，应当办理农用地转用审批手续。永久基本农田转为建设用地的，由国务院批准。在土地利用总体规划确定的城市和村庄、集镇建设用地规模范围内，为实施该规划而将永久基本农田以外的农用地转为建设用地的，按土地利用年度计划分批次按照国务院规定由原批准土地利用总体规划的机关或者其授权的机关批准。在已批准的农用地转用范围内，具体建设项目用地可以由市、县人民政府批准。在土地利用总体规划确定的城市和村庄、集镇建设用地规模范围外，将永久基本农田以外的农用地转为建设用地的，由国务院或者国务院授权的省、自治区、直辖市人民政府批准。

本案中，根据《土地管理法》第5条第2款、《辽宁省实施〈中华人民共和国土地管理法〉办法》第4条第2款及《行政复议法》第3条规定，被上诉人自然资源局作为本行政区域内自然资源主管部门，具有对违反土地法规定的违法行为作出行政处罚的法定职权，某市人民政府具有作出被诉复议决定的法定职权。根据《土地管理法》第44条规定，上诉人在未向自然资源部门申请并取得农用地转用审批手续的情况下，擅自建设16380平方米涉案建筑的事实清楚，被上诉人自然资源局在进行调查后，对未自行拆除的违法建设作出行政处罚决定，其认定事实清楚，适用法律正确，程序合法。被上诉人某市人民政府作出的复议决定程序合法。综上，上诉人某公司的上诉理由均不能成立，法院不予支持。

案例4：地上附着物及青苗补偿费归地上附着物及青苗的所有者所有

——李某诉某村村委会返还地上附着物补偿费案

案 情

某村村委会与李某签订承包果园协议书，约定李某承包经营某村果园29亩，期限为10年。合同签订时果园中有某村自有葡萄10.5亩。在李某承包经营期限内，某区管理委员会征用某村土地，与某村村委会签订了征用土地协议书，约定某区管理委员会对李某所承包果园内的果树、葡萄共25.95亩地上附着物按每亩33500元进行了补偿，赔偿额共计人民币869325元，该款项已拨付给某村村委会。原告李某认为，其承包果园内现种植有连片葡萄10.5亩，其余面积生长着2年生、3年生的果树苗。李某要求某村村委会给付其地上附着物补偿费人民币569500元。被告某村村委会认为，李某所承包的果园为某村集体所有，该果园被政府征用之后，李某只能就其承包果园每年的收益获得补偿。

法院认为，某村村委会与某区管理委员会签订的补偿协议中约定，对李某所承包的葡萄、果树共25.95亩的果园进行了补偿，果园中某村所有的葡萄为10.5亩，其余15.45亩是针对李某所栽种的果树进行的补偿。因此李某有权就其所栽种的15.45亩果树得到补偿。法院判决某村村委会向李某支付地上附着物补偿费人民币517575元。

评 析

国家为了公共利益的需要，依照法律规定的权限和程序可以征收集体所有的土地，但必须给予相应的补偿。关于补偿类型和补偿标准，《土地管理法》第48条规定，征收土地应当给予公平、合理的补偿，保障被征地农民原有生活水平不降低、长远生计有保障。征收土地应当依法及时足额支付土地补偿费、安置补助费以及农村村民住宅、其他地上附着物和青苗等的补偿费用，并安排被征地农民的社会保障费用。征收农用地的土地补偿费、安置补助费标准由省、自治区、直辖市通过制定公布区片综合地价确定。制定区片综合地价应当综合考虑土地原用途、土地资源条件、土地产值、土地区位、土地供求关系、人口以及经济社会发展水平等因素，并至少每三年调整或者重新公布一次。征收农用地以外的其他土地、地上附着物和青苗等的补偿标准，由省、自治区、直辖市制定。对其中的农村村民住宅，应当按照先补偿后搬迁、居住条件有改善的原则，尊重农村村民意愿，采取重新安排宅基地建房、提供安置房或者货币补偿等方式给予公平、合理的补偿，并对因征收造成的搬迁、临时安置等费用予以补偿，保障农村村民居住的权利和合法的住房财产权益。县级以上地方人民政府应当将被征地农民纳入相应的养老等社会保障体系。被征地农民的社会保障费用主要用于符合条件的被征地农民的养老保险等社会保险缴费补贴。被征地农民社会保障费用的筹集、管理和使用办法，由省、自治区、直辖市制定。

《民法典》第 243 条规定，为了公共利益的需要，依照法律规定的权限和程序可以征收集体所有的土地和组织、个人的房屋以及其他不动产。征收集体所有的土地，应当依法及时足额支付土地补偿费、安置补助费以及农村村民住宅、其他地上附着物和青苗等的补偿费用，并安排被征地农民的社会保障费用，保障被征地农民的生活，维护被征地农民的合法权益。征收组织、个人的房屋以及其他不动产，应当依法给予征收补偿，维护被征收人的合法权益；征收个人住宅的，还应当保障被征收人的居住条件。任何组织或者个人不得贪污、挪用、私分、截留、拖欠征收补偿费等费用。

根据上述规定，征用土地的，征用耕地补偿费用包括土地补偿费、安置补助费及地上附着物和青苗补偿费。在补偿费的具体分配上，土地补偿费归农村集体经济组织所有，地上附着物及青苗补偿费归地上附着物及青苗的所有者所有。被征用土地上的附着物，按实际价值补偿。即根据拆什么，补什么，不低于原来水平的原则予以补偿。本案中，李某承包经营的果园土地被征用，李某有权就果园内其自行栽种的果树依法获得地上附着物补偿费。

（二）城市房地产管理

案例5：土地使用权合同解除后受让人有权要求返还土地出让金

——甲公司诉某市土地管理局土地出让金返还纠纷案

案 情

甲公司与某市土地管理局经协商一致签订了《国有土地使用权出让合同》，约定土地管理局将某国有土地使用权有偿出让给甲公司，使用期40年，土地出让金额为8045793元。合同还约定：合同签订后30日内，甲公司向土地管理局缴付土地使用权出让金总额的15%作为合同的定金；甲公司应在签订合同后60日内，支付完全部土地使用权出让金，逾期30日仍未全部支付的，土地管理局有权解除合同。合同签订后，甲公司依约支付定金和部分土地出让金，但部分余款一直未交付。一年后，土地管理局决定解除合同，收回土地使用权，所发土地使用证注销登记，对甲公司已支付的定金和土地出让金不予退还。随后，甲公司以土地管理局单方撕毁合同为由提起诉讼，要求土地管理局退还土地使用权出让金并赔偿因此造成的一切经济损失。

法院判决被告土地管理局退还原告甲公司土地出让金。

评 析

所谓土地使用权出让，是指国家将国有土地使用权在一定年限内出让给土地使用者，由土地使用者向国家支付土地使用权出让金的行为。《城市房地产管理法》第15条规定："土地使用权出让，应当签订书面出让合同。土地使用权出让合同由市、县人民政府土地管理部门与土地使用者签订。"《城市房地产管理法》第16条和第17条分别规定了土地使用权出让双方的基本权利与义务。第16条规定："土地使用者必须按照出让合同约定，支付土地使用权出让金；未按照出让合同约定支付土地使用权出让金的，土地管理部门有权解除合同，并可以请求违约赔偿。"第17条规定："土地使用者按照出让合同约定支付土地使用权出让金的，市、县人民政府土地管理部门必须按照出让合同约定，提供出让的土地；未按照出让合同约定提供出让的土地的，土地使用者有权解除合同，由土地管理部门返还土地使用权出让金，土地使用者并可以请求违约赔偿。"

本案中，土地管理局作为土地使用权出让方有权要求甲公司交付出让金。在甲公司未按合同约定交付出让金的情况下可以解除合同，并要求其承担违约责任。根据《民法典》第587

条规定，债务人履行债务的，定金应当抵作价款或者收回。给付定金的一方不履行债务或者履行债务不符合约定，致使不能实现合同目的的，无权请求返还定金；收受定金的一方不履行债务或者履行债务不符合约定，致使不能实现合同目的的，应当双倍返还定金。因此，土地管理局因甲公司的违约行为不予退还合同定金是合法的，但土地管理局没收甲公司已交付的出让金是没有法律依据的。

土地出让金与定金不同。定金既是一种担保形式，也是一种违约责任形式，双方存在违约时适用定金罚则。土地出让金是为取得土地使用权而支付的对价，根据《民法典》第566条第1款规定，合同解除后，尚未履行的，终止履行；已经履行的，根据履行情况和合同性质，当事人可以请求恢复原状或者采取其他补救措施，并有权请求赔偿损失。因此甲公司有权要求土地管理局返还已交付的土地出让金。

案例6：划拨方式取得使用权的国有土地上的房屋租赁合同有效

——某物业公司诉贾某租赁合同纠纷案

案情

某物业公司与贾某签订一份《租赁协议》，约定：由贾某承租某省交通厅机关综合服务楼半地下层至地上一、二层作为经营餐厅使用，租赁期预定为五年，每年租赁费为320000元，租赁费按季度交纳，次季度租赁费应在上季度到期前提前30日内交纳。不久，贾某向工商行政管理部门和税务机关领取了个体工商户营业执照和税务登记证。后贾某拖欠租金，物业公司两次发出催款通知，要求贾某交纳拖欠租金。在通知时间内贾某均未交费，物业公司遂告知贾某解除合同。贾某主张该《租赁协议》无效。物业公司遂提起诉讼，请求法院确认物业公司解除与贾某签订的《租赁协议》的行为有效，要求贾某承担相应的违约责任。

法院判决支持了物业公司的诉讼请求。

评 析

对于以划拨方式取得的国有土地上的房屋出租，法律有特别规定。如《城镇国有土地使用权出让和转让暂行条例》第45条、第46条规定，在用划拨方式取得国有土地上建成的地上建筑物、其他附着物出租，必须经市、县人民政府土地管理部门和房产管理部门批准，并按该条例第二章的规定签订土地使用权出让合同，向当地市、县人民政府补交土地使用权出让金或以出租所获收益抵交土地使用权出让金。对未经批准擅自出租的单位和个人，市、县人民政府土地管理部门应当没收其非法收入，并根据情节处以罚款。《城市房地产管理法》第56条规定："以营利为目的，房屋所有权人将以划拨方式取得使用权的国有土地上建成的房屋出租的，应当将租金中所含土地收益上缴国家。具体办法由国务院规定。”

本案争议的焦点在于租赁协议的效力。物业公司与贾某签订的《租赁协议》系当事人的真实意思表示。某物业公司出租给贾某经营使用的综合服务楼所占用的土地性质虽然为国有划拨用地，依《城市房地产管理法》第56条规定需要将租金中所含土地收益上缴国家，现土地管理部门已通知省交通厅要求缴纳土地使用权收益金，但是否缴纳土地使用权收益金并不是房屋租赁合同成立并生效的前提条件，因此，某物业公司与贾某签订的《租赁协议》合法有效，双方均应按约定全面善意地履行各自的义务。

根据《民法典》第563条规定，当事人一方迟延履行主要债务，经催告后在合理期限内仍未履行的，另一方当事人可以解除合同。贾某经某物业公司两次催款，仍未交费，因此某物业公司有权解除合同并要求贾某承担相应的违约责任。

案例7：房屋的所有权和该房屋占地范围内的土地使用权同时转让

——章甲等诉某房地产公司房屋买卖合同纠纷案

案　情

某房地产公司取得某市凤凰西街152号国有土地使用权并

领取国有土地使用证，载明土地用途为住宅。章甲、章乙、章丙与该房地产公司签订商品房买卖契约约定：章甲、章乙、章丙向某房地产公司购买凤凰西街152号门面房108号和208号，并约定房屋使用功能为商业。合同签订后，章甲、章乙、章丙按约支付了购房款，某房地产公司将房屋交付给章甲、章乙、章丙。之后，市房产管理局向章甲、章乙、章丙核发了房屋所有权证，权证上房屋设计用途栏登记为住宅。章甲、章乙、章丙遂诉至法院，以所购房屋使用功能为商业为由，要求某房地产公司协助章甲、章乙、章丙办理商业性质的土地使用权证。某房地产公司辩称：买卖契约约定房屋使用功能为商业，并不代表必须办理商业性质的土地使用权证。

法院判决对章甲、章乙、章丙的诉讼请求予以支持。

评 析

本案主要涉及以下两个问题：

（1）我国《民法典》第465条第2款规定："依法成立的合同，仅对当事人具有法律约束力，但是法律另有规定的除外。"本案双方当事人在商品房买卖契约中明确约定，某房地产公司出售给章甲、章乙、章丙的房屋的使用功能为商业，某房地产公司应当严格遵守该约定。而根据《城市房地产管理法》第32条"房地产转让、抵押时，房屋的所有权和该房屋占用范围内的土地使用权同时转让、抵押"的规定，某房地产公司应当在向章甲、章乙、章丙转让商业性质的房屋的同时，转让该房屋占地范围内的商业性质的国有土地使用权。因此，某房地产公司辩称，其没有办理商业性质土地使用权证的合同义务和法定义务的抗辩意见，既违反双方合同的约定，又违背国家法律的规定，不能成立。

（2）我国法律同时规定，以出让方式取得土地使用权进行房地产开发的，必须按照土地使用权出让合同约定的土地用途、动工开发期限开发土地。建设单位需要改变土地建设用途的，应当经有关土地行政主管部门同意并报原批准用地的人民政府批准；其中在城市规划区内改变土地用途的，在报批前，应当先经有关城市规划主管部门同意。本案中，某房地产公司在经批准使用用途为住宅的国有土地上，改变土地建设用途、开发建设商业用房，违反了我国法律的有关规定。但是，由于某房地产公司已将房屋交付给章甲、章乙、章丙，章甲、章乙、章丙亦接受了房屋并向有关房屋行政管理部门申领了房屋所有权证，因此，某房地产公司应当依据有关法律规定，补办相关手续经相关部门批准后，改变争议土地建设用途，然后向章甲、章乙、章丙转让其所购房屋占地范围内的商业性质的国有土地使用权。

案例8：未登记备案不影响房屋租赁合同的效力

——王某诉李某侵权纠纷案

案情

李某与冉某订立《租房协议》约定，李某将其所有的一间平房出租给冉某用于经营小吃店，双方还就租金、防火安全等作了约定。之后，冉某承租的小吃店门市部起火，将与该小吃店相连的王某的房屋以及屋内财产烧毁。市消防大队认定，起火部位在李某出租给冉某作小吃店的门市部，但未发现火灾的直接证据和直接证人，火灾原因不明。原告王某认为，李某与冉某之间的房屋租赁没有登记备案，其房屋租赁协议无效，李某作为房屋所有权人理应承担赔偿责任，故请求法院判令李某赔偿损失。李某认为，起火房间是承租人冉某在管理和使用，并非李某在管理使用，故应由冉某担责。

评析

本案的争议焦点如下：

（1）关于冉某与李某签订的房屋租赁合同是否有效的问题。《民法典》第502条规定，依法成立的合同，自成立时生效，但是法律另有规定或者当事人另有约定的除外。依照法律、行政法规的规定，合同应当办理批准等手续的，依照其规定。未办理批准等手续影响合同生效的，不影响合同中履行报批等义务条款以及相关条款的效力。应当办理申请批准等手续的当事人未履行义务的，对方可以请求其承担违反该义务的责任。依照法律、行政法规的规定，合同的变更、转让、解除等情形应当办理批准等手续的，适用前款规定。虽然《城市房地产管理法》第54条规定："房屋租赁，出租人和承租人应当签订书面租赁合同，约定租赁期限、租赁用途、租赁价格、修缮责任等条款，以及双方的其他权利和义务，并向房产管理部门登记备案。"但该条规定的房屋租赁合同登记备案制度属于管理性规范，不是强制性规范，并且上述法律法规并没有规定房屋租赁合同登记备案是合同生效的必要条件。故冉某与李某签订的房屋租赁合同合法有效。

（2）关于李某是否应当对其出租的房屋承担管理责任的问题。根据《民法典》第712条"出租人应当履行租赁物的维修义务，但是当事人另有约定的除外"之规定，李某作为房屋的出租人，对其出租房屋进行必需的维修是其法定义务，除此之外的其他义务应当根据其与房屋承租人之间的特别约定予以确定，而王某没有提供证据证明李某除了法定的房屋维修义务外，李某与冉某之间还特别约定了其他管理义务，同时由于火灾原因不明，不能断定李某对该起火灾发生存在过错，故李某对其出租的房屋不应承担管理责任，对王某的诉求不予支持。

（三）房屋征收与补偿

案例9：政府作出房屋征收决定前，应将征收补偿方案公开征求意见

——周某等诉某县建设局违法颁发拆迁许可证案

案情

某县建设局向某建设单位颁发了房屋拆迁许可证，许可其建体育馆，拆迁周某等人的房屋。周某等人向法院提起行政诉讼，要求撤销该拆迁许可证。周某等人认为，建设局向该建设单位颁发房屋拆迁许可证，未告知被拆迁人等利害关系人，未听取被拆迁人等利害关系人的意见，没有告知被拆迁人有要求听证的权利，没有进行听证，程序违法。

法院认为，建设局为第三人颁发房屋拆迁许可证，直接关系周某等人的重大财产利益，依据我国《行政许可法》第36条、第47条的规定，建设局在发证前应当告知原告享有陈述、申辩以及要求听证的权利，而建设局没有履行该义务，其发证行为程序违法。法院判决撤销建设局向某建设单位颁发的房屋拆迁许可证。

评析

按照《国有土地上房屋征收与补偿条例》第8条的规定，

为了保障国家安全、促进国民经济和社会发展等公共利益的需要，有法定情形之一，确需征收房屋的，由市、县级人民政府作出房屋征收决定。某建设单位建设体育馆属于该条例第8条规定的公共利益中的第3项由政府组织实施的体育公共事业的需要，可以实施征收。政府可以对此作出房屋征收决定。

《国有土地上房屋征收与补偿条例》对作出房屋征收决定规定了公众参与程序，该条例第10条规定："房屋征收部门拟定征收补偿方案，报市、县级人民政府。市、县级人民政府应当组织有关部门对征收补偿方案进行论证并予以公布，征求公众意见。征求意见期限不得少于30日。"第11条规定："市、县级人民政府应当将征求意见情况和根据公众意见修改的情况及时公布。因旧城区改建需要征收房屋，多数被征收人认为征收补偿方案不符合本条例规定的，市、县级人民政府应当组织由被征收人和公众代表参加的听证会，并根据听证会情况修改方案。"

也就是说，政府实施房屋征收之前必须听取公众包括被征收人的意见。如果没有经过《国有土地上房屋征收与补偿条例》规定的必经程序就作出房屋征收决定，属于违法行为。被征收人可以对房屋征收决定提起行政复议或者提起行政诉讼，要求上级政府或者人民法院对市、县级人民政府的房屋征收决定进行审查。根据《行政复议法》的有关规定，如果作出房屋征收决定违反法定程序，行政复议机关可以作出行政复议决定，确认房屋征收决定违法，责令被申请人在一定期限内重新作出房屋征收决定或采取相应的补救措施。

案例10：类似房地产的市场价格是对被征收房屋价值补偿的底线

——吴某诉某县建设局违法作出拆迁裁决书案

案　情

某县建设局向甲房地产开发有限公司核发了房屋拆迁许可证。吴某的四层楼房位于拆迁范围内，但未能与甲公司签订房屋拆迁补偿安置协议。建设局作出房屋拆迁裁决书，裁决甲公司对吴某实行货币补偿，补偿总金额为631126元。吴某向法院提起行政诉讼，要求撤销该拆迁裁决书；判令甲公司按照市场价格向吴某支付拆迁补偿。

法院最终判决撤销建设局作出的房屋拆迁行政裁决；责令建设局于本判决生效后60日内重新作出行政裁决。

评　析

根据《国有土地上房屋征收与补偿条例》第26条的规定，征收人与被征收人达不成补偿协议的，由房屋征收部门报请作出房屋征收决定的市、县级人民政府按照征收补偿方案作出补偿决定，并在房屋征收范围内予以公告。

本案涉及征收补偿的两个重要问题：

一是关于补偿标准。本案中被拆房屋的估价报告没有参照类似房地产的市场交易价格，违反了评估有关规定。《国有土地上房屋征收与补偿条例》第19条第1款规定，对被征收房屋价值的补偿，不得低于房屋征收决定公告之日被征收房屋类似房地产的市场价格。被征收房屋的价值，由具有相应资质的房地产价格评估机构按照《国有土地上房屋征收评估办法》评估确定。据此，类似房地产的市场价格是对被征收房屋价值补偿的底线。

二是关于补偿方式的选择。本案原告吴某没有放弃产权调换，而被告直接裁决货币补偿，剥夺了原告对补偿方式的选择权。根据《国有土地上房屋征收与补偿条例》第21条的规定，被征收人可以选择货币补偿，也可以选择房屋产权调换。被征收人选择房屋产权调换的，市、县级人民政府应当提供用于产权调换的房屋，并与被征收人计算、结清被征收房屋价值与用于产权调换房屋价值的差价。

案例11：实施房屋征收应当先补偿、后搬迁

——于某等诉某区人民政府违法强拆案

案　情

某区人民政府决定对某区块进行整体拆迁改造设立某区块

改造指挥部。于某等三人所有的房屋位于该区块拆迁改造范围内，在拆迁过程中，指挥部与于某等三人就补偿安置问题进行多次协商，但因于某等三人不接受政府补偿安置方案，双方未签订补偿安置协议。后某区人民政府在没有与于某等三人签订拆迁协议的情况下，用挖土机将其房屋强行拆除。于某等三人遂向法院提起行政诉讼，要求确认某区人民政府强行拆除三原告私有房屋的行为违法。

法院判决确认某区人民政府强制拆除原告位于拆迁改造范围内房屋的行为违法。

评 析

《国有土地上房屋征收与补偿条例》第 27 条规定：“实施房屋征收应当先补偿、后搬迁。作出房屋征收决定的市、县级人民政府对被征收人给予补偿后，被征收人应当在补偿协议约定或者补偿决定确定的搬迁期限内完成搬迁。任何单位和个人不得采取暴力、威胁或者违反规定中断供水、供热、供气、供电和道路通行等非法方式迫使被征收人搬迁。禁止建设单位参与搬迁活动。”第 28 条第 1 款规定：“被征收人在法定期限内不申请行政复议或者不提起行政诉讼，在补偿决定规定的期限内又不搬迁的，由作出房屋征收决定的市、县级人民政府依法申请人民法院强制执行。”

政府申请人民法院强制执行的是补偿决定。补偿决定有两方面内容：一是规定了政府给予被征收人的补偿；二是被征收人按期搬迁的义务。政府履行其补偿义务后，才能申请人民法院强制执行。因此，《国有土地上房屋征收与补偿条例》第28条第2款规定，强制执行申请书应当附具补偿金额和专户存储账号、产权调换房屋和周转用房的地点和面积等材料。也就是说，无论被征收人接受与否，政府都应当首先依照该条例的规定，按照征收补偿方案，落实相应补偿，并按照该条例规定的法定程序，申请人民法院强制执行被征收人履行搬迁的义务。法院也应当对于政府补偿是否落实进行审查。

案例12：历史遗留问题的房屋，可以补办手续后，按照合法建筑进行补偿

——张某诉某市房产局违法作出行政裁决案

案情

某地块公告拆迁，拆迁人是某市房产地产发展中心。原告张某在拆迁地块有无产权产籍房屋一处，持有该地户口，长期居住并独立生活。张某与房产地产发展中心几经协商，一直无法达成补偿安置协议。某市房产局根据房产地产发展中心的申请，作出房屋拆迁行政裁决，对该房屋不予补偿。张某对裁决不服，提起行政诉讼。

法院审理认为，房产局作出房屋拆迁行政裁决认定事实不清，主要证据不足，故判决：撤销房产局作出的房屋拆迁行政裁决；责令房产局重新作出具体行政行为。

评　析

无证房屋未必是违法建筑，可能是历史遗留问题造成的手续不全的房屋或者没有任何手续的房屋。我国《城乡规划法》第 64 条规定："未取得建设工程规划许可证或者未按照建设工程规划许可证的规定进行建设的，由县级以上地方人民政府城乡规划主管部门责令停止建设；尚可采取改正措施消除对规划实施的影响的，限期改正，处建设工程造价百分之五以上百分之十以下的罚款；无法采取改正措施消除影响的，限期拆除，不能拆除的，没收实物或者违法收入，可以并处建设工程造价百分之十以下的罚款。"根据该条规定，城乡规划主管部门具有认定违法建筑的职权。未经城乡规划主管部门的认定，不得以房屋征收范围内的房屋属于违法建筑为由拒绝给予补偿。

本案中，张某拥有的无产权产籍房屋属于历史遗留的手续不全的房屋，不能简单地认定为违法建筑而不予补偿。《国有土地上房屋征收与补偿条例》第 24 条规定："市、县级人民政府及其有关部门应当依法加强对建设活动的监督管理，对违反城乡规划进行建设的，依法予以处理。市、县级人民政府作出房屋征收决定前，应当组织有关部门依法对征收范围内未经登记的建筑进行调查、认定和处理。对认定为合法建筑和未超过批准期限的临时建筑的，应当给予补偿；对认定为违法建筑和超过批准期限的临时建筑的，不予补偿。”这里所指的有关部门主要是城乡规划部门。

本案中张某拥有的无产权产籍房屋属于历史遗留的手续不全的房屋，可以补办手续后，按照合法建筑进行补偿。

（四）农村土地承包

案例13：承包地的调整要经过民主议定程序及报批程序

——某村村委会擅自转包案

案 情

曾某诉称，其对争议土地有合法的土地承包经营权证书，依法对争议土地享有经营使用权，被告寇某及其子女的户口已经从村里迁出，不能再承包村里的土地。曾某请求法院保护其依法享有的土地承包权益。被告寇某辩称，其在第一轮土地承包时（1980年）有5口人的承包地，被告及其子女的户口确实是补办的，但一直未迁出原籍。某村村委会私自将被告的承包地另行发包给曾某耕种，侵犯了被告的权益。

法院判决确认某村村委会将被告寇某1980年所承包的土地另行发包给原告曾某而订立的土地承包合同无效，并判决曾某将其占有使用的被告1980年所承包的土地返还被告。

评 析

农民合法的土地承包经营权受法律保护。《农村土地承包法》第27条规定，承包期内，发包方不得收回承包地。国家保护进城农户的土地承包经营权。不得以退出土地承包经营权作为农户进城落户的条件。承包期内，承包农户进城落户的，引导支持其按照自愿有偿原则依法在本集体经济组织内转让土地承包经营权或者将承包地交回发包方，也可以鼓励其流转土地经营权。承包期内，承包方交回承包地或者发包方依法收回承包地时，承包方对其在承包地上投入而提高土地生产能力的，有权获得相应的补偿。

本案中，被告寇某在第一轮土地承包时在某村享有5口人的承包地事实清楚，寇某没有将其全家户口迁出村集体组织。故曾某关于寇某及其子女的户口已迁出该村，不能承包村内土地的主张不成立。寇某既没有将耕地闲置抛荒的行为，也没有将全家户口迁入设区的市并转为非农业户口的行为，本案也不存在因自然灾害严重毁损承包地等特殊原因需要个别调整承包地的情形，因此村委会收回寇某承包土地的行为没有法律依据。

从程序上看，《农村土地承包法》第28条规定，承包期内，发包方不得调整承包地。承包期内，因自然灾害严重毁损承包地等特殊情形对个别农户之间承包的耕地和草地需要适当调整的，必须经本集体经济组织成员的村民会议三分之二以上成员或者三分之二以上村民代表的同意，并报乡（镇）人民政府和县级人民政府农业农村、林业和草原等主管部门批准。承包合同中约定不得调整的，按照其约定。本案中，某村村委会未经法定的调整承包土地的民主议定程序及报批程序，擅自收回寇某承包经营期内的土地，并另外发包给曾某，违反了法定程序。故某村村委会与曾某签订的土地承包合同无效，曾某应向寇某返还寇某于1980年合法承包的土地。

案例14：外地务工人员同样享有法定的承包经营权

——曹某诉某村村委会非法剥夺土地承包经营权案

案 情

曹某系某村村民，从出生之日起户口一直在该村。2005年5月起，曹某到深圳务工供子女读书。但是，在农忙的时候，会请假回家耕作。2008年1月，该村进行新一轮的土地承包。该村村委会经过研究认为，曹某虽然户口留在该村，但是其一年大部分时间在深圳务工，主要收入也来自外地务工，因此，在重新分包土地的时候，没有给曹某分配承包地。曹某回家知道此事后，找村委领导理论，但是该村领导并没有同意曹某的要求，没有给其重新分配土地。曹某不服，将该村村委会诉至法院，要求该村给其分配应得的承包地。

法院认为，曹某虽外出打工，但并未改变其集体经济组织成员的性质，故依法判决该村给曹某分配其应得的承包地。

评析

我国《农村土地承包法》第5条规定，农村集体经济组织成员有权依法承包由本集体经济组织发包的农村土地。任何组织和个人不得剥夺和非法限制农村集体经济成员承包土地的权利。第27条规定，承包期内，发包方不得收回承包地。国家保护进城农户的土地承包经营权。不得以退出土地承包经营权作为农户进城落户的条件。承包期内，承包农户进城落户的，引导支持其按照自愿有偿原则依法在本集体经济组织内转让土地承包经营权或者将承包地交回发包方，也可以鼓励其流转土地经营权。承包期内，承包方交回承包地或者发包方依法收回承包地时，承包方对其在承包地上投入而提高土地生产能力的，有权获得相应的补偿。

具体到本案，曹某作为某村村民，外出务工是为了改善生活，暂时离开该村，并没有改变其集体经济组织成员的性质。该村不能因为曹某在发包期不在家而就此剥夺其承包经营权。该村的作法是违法的。曹某要求分配承包地，该请求应该得到支持。

关于外出务工农民的土地承包经营权的保护，根据相关法律法规规定，对外出农民回乡务农，只要在土地二轮延包中获得承包权，就必须将承包地还给原承包农户继续耕作。乡村组织已经将外出农民的承包地发包给别的农户耕作的，如果是短期合同，应当将承包收益支付给拥有土地承包权的农户，合同到期后，将土地还给原承包农户耕作。如果是长期合同，可以修订合同，将承包地及时还给原承包农户；或者在协商一致的基础上，通过给予或提高原承包农户补偿的方式解决。对外出农户中少数没有参加二轮延包、现在返乡要求承包土地的，要区别不同情况，民主协商，妥善处理。如果该农户的户口仍在农村，原则上应同意继续参加土地承包，有条件的应在机动地中调剂解决，没有机动地的，可通过土地流转等办法解决。

案例15：家庭承包方式的农村土地承包经营权不可以继承

——李某祥诉李某梅继承权纠纷案

案　情

法院查明，被告李某梅与原告李某祥系姐弟关系。农村土地实行第一轮家庭承包经营时，原、被告及其父李某云、母周某香共同生活。当时，李某云家庭取得了6.68亩土地的承包经营权。此后李某梅、李某祥相继结婚并各自组建家庭。至1995

年农村土地实行第二轮家庭承包经营时，当地农村集体经济组织对李某云家庭原有6.68亩土地的承包经营权进行了重新划分，李某祥家庭取得了1.8亩土地的承包经营权，李某梅家庭取得了3.34亩土地的承包经营权，李某云家庭取得了1.54亩土地的承包经营权，三个家庭均取得了相应的承包经营权证书。1998年2月，李某云将其承包的1.54亩土地流转给本村村民芮某宁经营，流转协议由李某梅代签。2004年11月3日和2005年4月4日，李某云、周某香夫妇相继去世。此后，李某云家庭原承包的1.54亩土地的流转收益被李某梅占有。

评 析

本案的争议焦点是：家庭承包方式的农村土地承包经营权是否可以继承。根据《农村土地承包法》第3条第2款规定，农村土地承包采取农村集体经济组织内部的家庭承包方式，不宜采取家庭承包方式的荒山、荒沟、荒丘、荒滩等农村土地，可以采取招标、拍卖、公开协商等方式承包。因此，我国的农村土地承包经营权分为家庭承包和以其他方式承包两种类型。

以家庭承包方式实行农村土地承包经营，主要目的在于为农村集体经济组织的每一位成员提供基本的生活保障。根据《农村土地承包法》第16条规定，家庭承包方式的农村土地承包经营权，其承包方是本集体经济组织的农户，其本质特征是以本集体经济组织内部的农户家庭为单位实行农村土地承包经营。因此，这种形式的农村土地承包经营权只能属于农户家庭，而不能属于某一个家庭成员。根据《民法典》1122条规定，遗产是自然人死亡时遗留的个人合法财产。依照法律规定或者根据其性质不得继承的遗产，不得继承。农村土地承包经营权不属于个人财产，故不发生继承问题。

家庭承包中的林地承包和针对“四荒”地的以其他方式承包，由于土地性质特殊，投资周期长，见效慢，收益期间长，为维护承包合同的长期稳定性，保护承包方的利益，维护社会稳定，根据《农村土地承包法》第32条第2款、第54条规定，林地承包的承包人死亡，其继承人可以在承包期内继续承包。以其他方式承包的承包人死亡，在承包期内，其继承人也可以继续承包。但是，继承人继续承包并不等同于《继承法》所规定的继承。而对于除林地外的家庭承包，法律未授予继承人可以继续承包的权利。当承包农地的农户家庭中的一人或几人死亡，承包经营仍然以户为单位，承包地仍由该农户的其他家庭成员继续承包经营；当承包经营农户家庭的成员全部死亡，由于承包经营权的取得以集体成员权为基础，该土地承包经营权归于消灭，农地应收归农村集体经济组织另行分配，不能由该农户家庭成员的继承人继续承包经营。否则，会对集体经济组织其他成员的权益造成损害，对农地的社会保障功能产生消极影响。

本案中，讼争土地的承包经营权属于李某云家庭，系家庭承包方式的承包，且讼争土地并非林地，因此，李某云夫妇死亡后，讼争土地应收归当地农村集体经济组织另行分配，不能由李某云夫妇的继承人继续承包，更不能将讼争农地的承包权作为李某云夫妇的遗产处理。李某云、周某香夫妇虽系原告李某祥和被告李某梅的父母，但李某祥、李某梅均已在婚后组成了各自的家庭。农村土地实行第二轮家庭承包经营时，李某云家庭、李某祥家庭、李某梅家庭均各自取得了土地承包经营权及相应的土地承包经营权证书，至此，李某祥、李某梅已不属于李某云土地承包户的成员，而是各自独立的三个土地承包户。李某云夫妇均已去世，该承包户已无继续承包人，李某云夫妇去世后遗留的1.54亩土地的承包经营权应由该土地发包人予以收回。李某祥、李某梅虽系李某云夫妇的子女，但各自的家庭均已取得了相应的土地承包经营权，故李某祥、李某梅均不具备其父母去世后遗留土地承包经营权继续承包的法定条件。故对李某祥要求李某梅返还讼争土地的诉讼请求予以驳回。据此，一审法院判决如下：驳回原告李某祥的全部诉讼请求。

案例16：土地承包经营权的转让必须符合法定条件

——某村村委会诉黄某非法出卖土地案

案情

黄某系某村村民。2013年8月，该村进行土地承包时，黄某承包了4亩水田。2020年9月，某企业兴办工厂，该工厂的位置靠近黄某承包的耕地。同年10月，黄某与该企业达成协议，将其承包的耕地出让给该企业，该企业支付黄某10万元。该事被当地村委会发现之后，村委会有关领导及时对黄某进行教育，要求其收回出卖的耕地。黄某不同意，该村村委会于是将黄某诉至法院。

法院认为，我国法律仅规定土地承包经营权可以依法采取转包、出租、互换、转让或其他方式流转，但是，我国法律并不保护除此之外的非法流转，因此黄某无权出卖其承包的耕地。法院最终判决黄某与该企业之间的土地转让协议无效。

评 析

本案涉及土地承包经营权的流转方式和条件问题。根据我国《农村土地承包法》第33～36条规定，通过家庭承包取得的土地承包经营权可以依法采取以下方式流转：

（1）转包。转包主要发生在农村集体经济组织内部农户之间。转包人对土地承包经营权的产权不变，受转包人享有土地承包经营权的使用权，获取承包土地的收益，并向转包人支付转包费。

（2）出租。出租主要是农户将土地承包经营权租赁给本集体经济组织以外的人。承租人通过租赁合同取得土地承包经营权的承租权，并向出租的农户支付租金。

（3）互换。互换是农村集体经济组织内部的农户之间为方便耕种和各自需要，对各自的土地承包经营权的交换。互换后，双方均取得对方的土地承包经营权，丧失自己的原土地承包经营权。

（4）转让。转让是农户将土地承包经营权移转给他人。转让将使农户丧失对承包土地的使用权，因此对转让必须严格限制。承包方有稳定的非农职业或者有稳定的收入来源的，即可转让土地承包经营权。转让土地承包经营权的基础是农民有了切实的生活保障，否则不应转让土地承包经营权。转让的对象应当限于从事农业生产经营的农户。具备转让条件的农户将土地承包经营权转让给其他农户，应当经发包方同意，并与发包方变更原土地承包合同。

此外，《农村土地承包法》第38条还规定了土地承包经营权流转的基本原则：①依法、自愿、有偿，任何组织和个人不得强迫或者阻碍土地经营权流转。②不得改变土地所有权的性质和土地的农业用途，不得破坏农业综合生产能力和农业生态环境。③流转期限不得超过承包期的剩余期限。④受让方须有农业经营能力或者资质。⑤在同等条件下，本集体经济组织成员享有优先权。

本案中，黄某未经发包方同意，将土地转让给并非从事农业生产经营的企业，改变了土地的农业用途，因此黄某与该企业之间的土地转让协议是无效的。

案例17：承包人收回转包的土地承包权后，受让人有权获得相应的补偿

——张甲诉张乙拒不返还承包地纠纷案

案　情

张甲和张乙是某村的两兄弟。1988年张甲承包了该村的两亩耕地用于种植苹果树，承包协议中约定，承包期限为30年，承包方如要转让，需要经过发包方的许可。合同签订后，张甲一直按合同的规定履行。2015年年初，张甲因事外出，因归期不定，便与张乙协商，由张乙代为管理、耕种和收获张甲所承包的土地，承包款也由张乙向该村村委会交纳，但未约定年限。张甲与张乙口头协商后，也未告知该村村委会。张乙接管该土地后，在该地上多种植了10棵苹果树，还在树的空隙处种植其他农作物。2018年年初，张甲回家，在向张乙提出要求将此地交回本人管理和耕种时遭到拒绝。在协商未果的情况下，张甲起诉至法院，要求张乙返还承包地。

法院经审理后，判决被告张乙应当将其耕种的两亩承包地交还给原告张甲，同时由原告张甲补给被告张乙栽种果树的各项费用8000元。

评 析

本案中，张甲与张乙之间的流转关系属于转包合同关系。虽未经发包方同意，但在张乙经营管理的几年中，发包方未提出任何异议，并接受了张乙每年交纳的承包费，实际上默认了与张乙之间的转包关系。根据转包的特点，张甲对土地承包经营权的产权不变，张乙仅享有土地承包经营权使用和获取承包土地收益的权利。因此张甲有权要求张乙返还承包地。

至于张乙的损失补偿问题，《农村土地承包法》第 43 条规定，经承包方同意，受让方可以依法投资改良土壤，建设农业生产附属、配套设施，并按照合同约定对其投资部分获得合理补偿。因此受让方在流转期间因投入而提高土地生产能力的，土地流转合同到期或者未到期由承包方依法收回承包土地时，受让方有权获得相应的补偿。

《最高人民法院关于审理涉及农村土地承包纠纷案件适用法律问题的解释》第 16 条也规定，当事人对出租地流转期限没有约定或者约定不明的，参照《民法典》第 730 条规定处理。除当事人另有约定或者属于林地承包经营外，承包地交回的时间应当在农作物收获期结束后或者下一耕种期开始前。对提高土地生产能力的投入，对方当事人请求承包方给予相应补偿的，应予支持。本案中，张甲与张乙在协议中没有约定转包年限，因此张甲可随时要求张乙返还，只是承包地的交回必须是在农作物收获期结束后或者下一耕种期开始之前。同时，由于张乙在张甲的承包地上多种植了果树和农作物，提高了对土地生产能力的投入，因此，张甲应该返还相应的费用。法院在经过相关部门鉴定后作出的上述判决是正确的。

二、消费者权益

（一）消费者权益保护

案例18：经营者违反安全保障义务造成消费者损害的，要承担赔偿责任

——沈某诉某餐饮公司人身损害赔偿纠纷案

案情

原告沈某与朋友至被告某餐饮公司处用餐，其间沈某如厕返回餐桌途中摔倒（厕所外台阶未设警示标志），某餐饮公司员工郑某将沈某送至医院急诊，沈某伤情经诊断为右足第五跖骨基底部骨折，予石膏固定。沈某认为，某餐饮公司未尽安全保障义务，对其发生的人身损害后果应承担赔偿责任，诉至法院，请求判令某餐饮公司赔偿医疗费、误工费、护理费、营养费、交通费等合计20751元。

法院经审理认为，由于某餐饮公司作为善良管理义务人就其管理尽责一节未向法院举证，故法院推定某餐饮公司应当承担主要的民事责任。沈某作为具有完全民事行为能力的成年人，行走时也应尽合理注意义务，故亦应承担一定的民事责任。法院酌情确定沈某承担30%的民事责任，某餐饮公司承担70%的民事责任，判决某餐饮公司赔偿沈某各项费用12962.44元。

评 析

《消费者权益保护法》第7条规定："消费者在购买、使用商品和接受服务时享有人身、财产安全不受损害的权利。消费者有权要求经营者提供的商品和服务，符合保障人身、财产安全的要求。"安全保障权是消费者享有的最重要的法定权利之一，消费者在购买、使用商品或者接受服务时享有人身、财产安全不受侵害的权利。

与此对应的是经营者的安全保障义务，即《消费者权益保护法》第18条规定的："经营者应当保证其提供的商品或者服务符合保障人身、财产安全的要求。对可能危及人身、财产安全的商品和服务，应当向消费者作出真实的说明和明确的警示，并说明和标明正确使用商品或者接受服务的方法以及防止危害发生的方法。宾馆、商场、餐馆、银行、机场、车站、港口、影剧院等经营场所的经营者，应当对消费者尽到安全保障义务。”《民法典》第1198条第1款规定：“宾馆、商场、银行、车站、机场、体育场馆、娱乐场所等经营场所、公共场所的经营者、管理者或者群众性活动的组织者，未尽到安全保障义务，造成他人损害的，应当承担侵权责任。”

本案是一起因经营者在提供服务过程中没有尽到安全保障义务而导致消费者权益受损的案件。经营者在经营过程中有采取安全防范措施和提醒的义务，违反这一义务造成消费者损害，经营者应承担赔偿责任，如消费者自身对损害的产生也有过错的，经营者应承担部分赔偿责任而不是全部赔偿责任。

案例19：商家作引人误解的虚假宣传，除赔偿消费者的损失外，还应赔偿价款3倍的金额

——王某诉甲公司网络购物合同案

案情

4月8日系甲公司的某会员日，甲公司在其官方网站上发布广告，显示：原价为69元的A移动电源，某会员日特价49元。该广告在4月8日仍然置于甲公司的官方网站上。王某于当天在甲公司的官方网站上订购了A移动电源，订单显示价格为69元，王某随后支付69元购买了A移动电源。之后，王某以甲公司存在价格欺诈为由，诉至法院。甲公司提出由于其后

台系统出现错误，导致其官方网站界面显示错误，存在广告价格与实际结算价格不一致之情形的抗辩。

法院经审理认为，甲公司事后就其后台出现错误问题并未在网络上向消费者作出声明，且其无证据证明该会员日当天后台系统出现故障，导致其广告价格与实际结算价格不一致，故认定甲公司存在欺诈消费者的故意，应赔偿王某500元。

评 析

《消费者权益保护法》第8条第1款规定："消费者享有知悉其购买、使用的商品或者接受的服务的真实情况的权利。"这是对消费者知情权的规定。与此相对应的是经营者负有的提供真实信息的义务，即《消费者权益保护法》第20条规定的："经营者向消费者提供有关商品或者服务的质量、性能、用途、有效期限等信息，应当真实、全面，不得作虚假或者引人误解的宣传。经营者对消费者就其提供的商品或者服务的质量和使用方法等问题提出的询问，应当作出真实、明确的答复。经营者提供商品或者服务应当明码标价。"本案中，广告价格与实际结算价格不一致，且甲公司并未对此作出合理解释，构成虚假或引人误解的宣传，未履行如实告知义务。

经营者不履行如实告知义务，进行虚假宣传误导消费者的，属于欺诈消费者的行为。根据《消费者权益保护法》第55条第1款规定："经营者提供商品或者服务有欺诈行为的，应当按照消费者的要求增加赔偿其受到的损失，增加赔偿的金额为消费者购买商品的价款或者接受服务的费用的三倍；增加赔偿的金额不足五百元的，为五百元。法律另有规定的，依照其规定。”这就意味着受害人在自己的损失已经得到全部补偿以后，再得到相当于原有损失 3 倍的赔偿。但本案中，增加赔偿的金额不足 500 元，应赔偿 500 元。需要注意的是，实践中，常存在“假一罚十”的宣传，这是商家对消费者的一种质量保证，一种承诺，是商家为自身设定的义务。它与本条规定并不矛盾，本条是法律针对商家欺诈行为而强加给商家的责任。当商家有欺诈行为时，如商家有“假一罚十”承诺，消费者可请求 10 倍赔偿；如商家未有“假一罚十”承诺，则消费者可根据此条主张赔偿。

案例 20：经营者不得以格式条款排除消费者的主要权利

——李某诉某市公交总公司滥用格式条款案

案　情

李某在某市公交总公司购得公交乘车 IC 卡一张，交纳现金 50 元，后又继续按照该公交总公司规定的方式充值了 50 元。之后，李某不慎将 IC 卡丢失，于是向该市公交总公司的 IC 卡管理中心申请挂失，并要求办理退卡手续和退还卡内金额。该市公交总公司出示其所制定的《某市公交乘车IC卡使用须知》，该须知规定：“退卡时，应将卡内余额使用完，否则不作退款处理。”该市公交总公司以此为由拒绝退款。李某于是起诉到法院。

法院最终判决该公交总公司退还卡中余额60元。

评析

根据《消费者权益保护法》第9条和第10条的规定，消费者享有自主选择商品或者服务的权利以及公平交易的权利。该法第9条规定，消费者享有自主选择商品或者服务的权利。消费者有权自主选择提供商品或者服务的经营者，自主选择商品品种或者服务方式，自主决定购买或者不购买任何一种商品、接受或者不接受任何一项服务。消费者在自主选择商品或者服务时，有权进行比较、鉴别和挑选。第10条规定，消费者在购买商品或者接受服务时，有权获得质量保障、价格合理、计量正确等公平交易条件，有权拒绝经营者的强制交易行为。

本案中，李某在购买公交总公司所销售的IC卡时，双方已经构成城市公交运输关系。公交总公司在市内公共交通运输中，推广使用IC卡时，制定了《某市公交乘车IC卡使用须知》，须知中规定了双方当事人的权利义务。但是，该规定不是双方当事人在平等自愿基础上，经过协商一致形成的，只是公交总公司为了大量地反复使用，达到方便本企业经营操作的目的，而单方面制定出来的，应属于格式合同。李某提前存入

IC 卡中的人民币，是预付款的性质，李某要求退回没有消费的余额，并不损害公交总公司的合法权益。公交总公司作出消费者退卡时不退余额的规定，排除了消费者自主选择消费方式和公平交易的主要权利，根据《消费者权益保护法》第 26 条第 2 款、第 3 款“经营者不得以格式条款、通知、声明、店堂告示等方式，作出排除或者限制消费者权利、减轻或者免除经营者责任、加重消费者责任等对消费者不公平、不合理的规定，不得利用格式条款并借助技术手段强制交易。格式条款、通知、声明、店堂告示等含有前款所列内容的，其内容无效”之规定，应属无效。因此，公交总公司应当将卡内余额返还给李某。

（二）产品质量

案例 21：缺陷产品致人损害的赔偿责任

——曹某、陈某诉某花炮公司、韩某人身损害赔偿纠纷案

案 情

曹某、陈某在韩某的烟花爆竹零售点购买了某花炮公司生产的烟花一件。曹某、陈某在燃放时被烟花烧伤。经过住院治疗，曹某住院治疗 20 天，花去医疗费 5289.2 元。陈某住院治疗 16 天，花去医疗费 8089.57 元。经某司法鉴定中心鉴定，曹

某左侧面部异物色素沉着构成七级伤残。曹某、陈某因与某花炮公司、韩某就相关费用的赔偿事宜协商未果，遂将某花炮公司和韩某起诉至法院，请求赔偿医疗费、误工费、营养费等各项损失。某花炮公司和韩某均辩称其没有过错，不应当承担赔偿责任。

法院经审理认为，曹某、陈某所遭受的损害是在使用缺陷产品的过程中造成的。曹某、陈某提起的损害赔偿纠纷性质是产品责任纠纷。根据《产品质量法》第43条规定，曹某、陈某可以要求生产者某花炮公司赔偿，也可以要求销售者韩某赔偿。因此，曹某、陈某要求某花炮公司、韩某承担连带责任，法院予以支持。

评 析

本案是因产品存在缺陷致人损害所产生的纠纷。关于产品缺陷责任，《产品质量法》第41条至第46条作了明确规定。《民法典》侵权责任编对产品缺陷责任（该法中称为产品责任）作了更加详细的规定，具体内容如下：

（1）归责原则。对生产者实行严格责任原则。因产品存在缺陷造成他人损害的，生产者应当承担侵权责任；对销售者实行过错责任原则和过错推定原则。因销售者的过错使产品存在缺陷，造成他人损害的，销售者应当承担侵权责任。销售者不能指明缺陷产品的生产者也不能指明缺陷产品的供货者的，销售者应当承担侵权责任；对运输者、仓储者等第三人实行过错责任原则。

（2）赔偿程序。因产品存在缺陷造成损害的，被侵权人可以向产品的生产者请求赔偿，也可以向产品的销售者请求赔偿。产品缺陷由生产者造成的，销售者赔偿后，有权向生产者追偿。因销售者的过错使产品存在缺陷的，生产者赔偿后，有权向销售者追偿。因运输者、仓储者等第三人的过错使产品存在缺陷，造成他人损害的，产品的生产者、销售者赔偿后，有权向第三人追偿。

（3）诉讼时效。因产品存在缺陷造成损害要求赔偿的诉讼时效期间为 3 年，自当事人知道或者应当知道其权益受到损害时起计算。因产品存在缺陷造成损害要求赔偿的请求权，在造成损害的缺陷产品交付最初消费者满 10 年丧失；但是，尚未超过明示的安全使用期的除外。

（4）惩罚性赔偿。明知产品存在缺陷仍然生产、销售，造成他人死亡或者健康受到严重损害的，被侵权人有权请求相应的惩罚性赔偿。

根据上述介绍，因产品存在缺陷造成损害的，被侵权人可以向产品的生产者请求赔偿，也可以向产品的销售者请求赔偿。因此本案中曹某、陈某有权要求某花炮公司、韩某承担连带责任。当然，韩某如果认为责任属于产品的生产者某花炮公司，则韩某赔偿后可以向生产者某花炮公司追偿。

案例22：食品安全纠纷案

——孟某诉某公司等产品责任纠纷案

案 情

孟某分别在某公司购得海南某公司监制、杭州某公司生产的“某胶原蛋白粉”共7盒合计1736元。产品外包装均显示产品标准号：Q/YST0011S，配料包括“食品添加剂（D-甘露糖醇、柠檬酸）”。各方当事人均确认涉案产品为普通食品，成分含有食品添加剂D-甘露糖醇，属于超范围滥用食品添加剂，不符合食品安全国家标准。孟某因向食品经营者索赔未果，遂向法院起诉，请求海南某公司、杭州某公司、某公司退还货款1736元，10倍赔偿货款17360元。

孟某不服该判决，提起上诉。一审法院判决杭州某公司退还孟某所付价款1736元，海南某公司对上述款项承担连带责任。

评 析

本案争议焦点在于，第一，涉案产品中添加D-甘露糖醇是否符合食品安全标准的规定。涉案产品属于固体饮料，并非属于糖果，而D－甘露糖醇允许使用的范围限定于糖果，因此根据食品添加剂的使用规定，杭州某公司在涉案产品中添加D－甘露糖醇不符合食品安全标准的规定。杭州某公司提供的证据不能支持其主张。第二，关于本案是否可适用《食品安全法》第148条关于10倍赔偿的规定。本案中，由于涉案产品添加D－甘露糖醇的行为不符合食品安全标准，因此，消费者可以依照该条规定，向生产者或销售者要求支付价款10倍的赔偿金。海南某公司和杭州某公司应向孟某支付涉案产品价款10倍赔偿金。杭州某公司应向孟某支付赔偿金17360元，海南某公司对此承担连带责任。

食品添加剂，是指为改善食品品质和色、香、味以及为防腐、保鲜和加工工艺的需要而加入食品中的人工合成或者天然物质。生产者在保健食品中违规使用添加剂的行为不符合食品安全标准，违规使用了添加剂的保健食品属于不安全食品，根据《食品安全法》第148条第2款“生产不符合食品安全标准的食品或者经营明知是不符合食品安全标准的食品，消费者除要求赔偿损失外，还可以向生产者或者经营者要求支付价款十倍或者损失三倍的赔偿金；增加赔偿的金额不足一千元的，为一千元。但是，食品的标签、说明书存在不影响食品安全且不会对消费者造成误导的瑕疵的除外”的规定，消费者可以向生产者或销售者要求支付价款10倍的赔偿金。

三、不正当竞争

案例23：冒用他人产地的应当承担侵权责任

——甲造锁公司诉乙五金公司不正当竞争纠纷案

案 情

甲造锁公司和乙五金公司都与商标所有权人某日用百货公司签订了商标使用许可合同，取得“双菱”牌商标使用权。某市工商局扣押了乙五金公司生产的“双菱”牌锁453箱（每箱180把），该锁外包装上，未经甲造锁公司许可，而标明甲造锁公司的企业名称和厂址。甲造锁公司将乙五金公司起诉至法院，请求判令乙五金公司停止侵权、消除影响并赔偿经济损失。

法院认为，甲造锁公司和乙五金公司作为“双菱”牌锁的生产企业，均应遵循《民法典》和《反不正当竞争法》的诚实信用原则，不得擅自使用他人企业名称和厂址，否则构成不正当竞争，应承担侵权赔偿责任。乙五金公司未经甲造锁公司许可，擅自在其产品外包装上使用甲造锁公司的企业名称和厂址，构成不正当竞争。乙五金公司应承担停止侵权、消除影响、赔偿损失等侵权责任。

评 析

不正当竞争行为的表现形式多样且复杂，《反不正当竞争法》第2条第2款规定："本法所称的不正当竞争行为，是指经营者在生产经营活动中，违反本法规定，扰乱市场竞争秩序，损害其他经营者或者消费者的合法权益的行为。"本案涉及的是不正当竞争行为之一的欺骗性商业行为。

所谓欺骗性的商业行为，是指经营者采用假冒或仿冒标志，或者其他虚假标志从事交易，导致消费者误认误购，而自己获取非法利益。欺骗性的商业行为严重破坏了竞争秩序，影响经济的健康发展。假冒、仿冒等行为，一方面欺骗了消费者，使消费者无法客观、公正地进行选择与评价；另一方面给被侵权的专用权人带来了重大的经济损失，妨碍了诚实竞争者的正常经营。

根据《反不正当竞争法》第6条规定："经营者不得实施下列混淆行为，引人误认为是他人商品或者与他人存在特定联系：（一）擅自使用与他人有一定影响的商品名称、包装、装潢等相同或者近似的标识；（二）擅自使用他人有一定影响的企业名称（包括简称、字号等）、社会组织名称（包括简称等）、姓名（包括笔名、艺名、译名等）；（三）擅自使用他人有一定影响的域名主体部分、网站名称、网页等；（四）其他足以引人误认为是他人商品或者与他人存在特定联系的混淆行为。"

根据《反不正当竞争法》第17条规定，经营者违反本法规定，给他人造成损害的，应当依法承担民事责任。经营者的合法权益受到不正当竞争行为损害的，可以向人民法院提起诉讼。因不正当竞争行为受到损害的经营者的赔偿数额，按照其因被侵权所受到的实际损失确定；实际损失难以计算的，按照侵权人因侵权所获得的利益确定。经营者恶意实施侵犯商业秘密行为，情节严重的，可以在按照上述方法确定数额的1倍以上5倍以下确定赔偿数额。赔偿数额还应当包括经营者为制止侵权行为所支付的合理开支。经营者违反本法第6条、第9条规定，权利人因被侵权所受到的实际损失、侵权人因侵权所获得的利益难以确定的，由人民法院根据侵权行为的情节判决给予权利人500万元以下的赔偿。

案例24：来路不正的客户信息不可以使用

——甲公司诉邹某等侵犯商业秘密案

案　情

邹某是甲电脑销售公司业务经理，获有大量确实的客户信息。后邹某因违反了公司的规章制度，被开除职务，在离职前将这些客户信息进行了复制。邹某的表哥费某在另一家电脑销售公司乙公司工作。费某知道邹某的这些信息来路不正，但是公司的销售正处在低谷，在邹某的要求下还是有偿采用了这些信息，并为公司寻找了很多新客户。甲公司以侵犯商业秘密为由，将邹某、费某和乙公司起诉至法院，请求判令三被告停止侵权并赔偿经济损失。

评　析

所谓商业秘密，是指不为公众所知悉的，能为权利人带来经济利益的，具有实用性并且经过权利人采取保密措施的技术信息和经营信息。据此可以看出商业秘密的四个构成要件：(1) 秘密性；(2) 经济性；(3) 实用性；(4) 保密性。只要符合这四个要件即构成商业秘密，因此商业秘密不仅包括技术信息，也包括经营信息，如客户名单、经营战略等。商业秘密是一种无形的财产，是权利人劳动成果的结晶，应当予以保护。

根据《反不正当竞争法》第9条第1款规定，经营者不得实施下列侵犯商业秘密的行为：(1) 以盗窃、贿赂、欺诈、胁迫、电子侵入或者其他不正当手段获取权利人的商业秘密；(2) 披露、使用或者允许他人使用以前项手段获取的权利人的商业秘密；(3) 违反保密义务或者违反权利人有关保守商业秘密的要求，披露、使用或者允许他人使用其所掌握的商业秘密；(4) 教唆、引诱、帮助他人违反保密义务或者违反权利人有关保守商业秘密的要求，获取、披露、使用或者允许他人使用权利人的商业秘密。

本案中，甲公司的客户信息为甲公司的商业秘密，邹某擅自将其掌握的商业秘密披露给费某以牟利，费某明知邹某的客户信息来路不正，还是予以采用并因此为乙公司找到很多新客户，三被告的行为都侵犯了甲公司的商业秘密，违反了《反不正当竞争法》的规定，构成不正当竞争行为，应当承担相应的民事赔偿责任和行政责任。

案例25：网络环境下的不正当竞争纠纷

——淘宝公司诉某公司不正当竞争纠纷案

案　情

淘宝公司系淘宝网运营商。淘宝公司开发的“生意参谋”数据产品能够为淘宝、天猫店铺商家提供大数据分析参考，帮助商家实时掌握相关类目商品的市场行情变化，改善经营水平。涉案数据产品的数据内容是淘宝公司在收集网络用户浏览、搜索、收藏、加购、交易等行为痕迹信息所产生的巨量原始数据的基础上，通过特定算法深度分析过滤、提炼整合而成的，以趋势图、排行榜、占比图等图形呈现的指数型、统计型、预测型衍生数据。某公司系互助平台的运营商，其以提供远程登录已订购涉案数据产品用户电脑技术服务的方式，招徕、组织、帮助他人获取涉案数据产品中的数据内容，从中牟利。淘宝公司认为，其对数据产品中的原始数据与衍生数据享有财产权，被诉行为恶意破坏其商业模式，构成不正当竞争。遂诉至法院，请求判令：某公司立即停止涉案不正当竞争行为，赔偿其经济损失及合理费用500万元。

评析

1. 关于淘宝公司收集并使用网络用户信息的行为是否正当。

涉案数据产品所涉网络用户信息主要表现为网络用户浏览、搜索、收藏、加购、交易等行为痕迹信息以及由行为痕迹信息推测所得出的行为人的性别、职业、所在区域、个人偏好等标签信息。这些行为痕迹信息与标签信息并不具备能够单独或者与其他信息结合识别自然人个人身份的可能性，故不属于《网络安全法》规定的网络用户个人信息，而属于网络用户非个人信息。但是，由于网络用户行为痕迹信息包含涉及用户个人偏好或商户经营秘密等敏感信息，因部分网络用户在网络上留有个人身份信息，其敏感信息容易与特定主体发生对应联系，会暴露其个人隐私或经营秘密。因此，对于网络运营者收集、使用网络用户行为痕迹信息，除未留有个人信息的网络用户所提供的以及网络用户已自行公开披露的信息之外，应比照《网络安全法》关于网络用户个人信息保护的相应规定予以规制。经审查，淘宝隐私权政策所宣示的用户信息收集、使用规则在形式上符合“合法、正当、必要”的原则要求，涉案数据产品中可能涉及的用户信息种类均在淘宝隐私权政策已宣示的信息收集、使用范围之内。故淘宝公司收集、使用网络用户信息，开发涉案数据产品的行为符合网络用户信息安全保护的要求，具有正当性。

2. 关于淘宝公司对于涉案数据产品是否享有法定权益。

单个网上行为痕迹信息的经济价值十分有限，在无法律规定或合同特别约定的情况下，网络用户对此尚无独立的财产权或财产性权益可言。网络原始数据的内容未脱离原网络用户信息范围，故网络运营者对于此类数据应受制于网络用户对其所提供的用户信息的控制，不能享有独立的权利，网络运营者只能依其与网络用户的约定享有对网络原始数据的使用权。但网络数据产品不同于网络原始数据，数据内容经过网络运营者大量的智力劳动成果投入，通过深度开发与系统整合，最终呈现给消费者的是与网络用户信息、网络原始数据无直接对应关系的独立衍生数据，可以为运营者所实际控制和使用，并带来经济利益。网络运营者对于其开发的数据产品享有独立的财产性权益。

3. 关于被诉行为是否构成不正当竞争。

《反不正当竞争法》第 2 条第 2 款规定，本法所称的不正当竞争行为，是指经营者在生产经营活动中，违反本法规定，扰乱市场竞争秩序，损害其他经营者或者消费者的合法权益的行为。某公司未经授权亦未付出新的劳动创造，直接将涉案数据产品作为自己获取商业利益的工具，明显有悖公认的商业道德，如不加禁止将挫伤数据产品开发者的创造积极性，阻碍数据产业的发展，进而影响到广大消费者福祉的改善。被诉行为实质性替代了涉案数据产品，破坏了淘宝公司的商业模式与竞争优势，已构成不正当竞争。根据某公司公布的相关统计数据估算，其在本案中的侵权获利已超过200万元。

社会法篇

社会法是我国近年来在完善市场经济法律体系，落实科学发展观、构建社会主义和谐社会的历史大潮中应运而生的新兴法律门类和法律学科。社会法的主旨在于保护公民的社会权利，尤其是保护弱势群体的利益。在社会关系中，有天生的强势群体和弱势群体之分，而且市场经济会自发地导致强者越强、弱者越弱。此时如果没有公权力介入来保护弱者的利益，将使社会关系的失衡状态加剧并最终导致严重的社会问题，通过法治途径即制定和完善社会法是改变这种失衡局面的必然选择。

我国现行的社会法主要包括劳动法、劳动合同法、社会保险法、未成年人保护法、妇女权益保障法、老年人权益保障法、残疾人保障法、公益事业捐赠法等。本篇介绍的重点主要是劳动就业、社会保险和弱势群体保障这三个方面的法律。

相对于用人单位来说，劳动者是弱势主体，因此劳动法、劳动合同法等法律在用人单位和劳动者之间的关系上，规定的更多的是用人单位的义务，即劳动者的权利。这些权利包括平等就业和选择职业的权利、取得劳动报酬的权利、休息休假的权利、获得劳动安全卫生保护的权利、接受职业技能培训的权利、享受社会保险和福利的权利、提请劳动争议处理的权利以及法律规定的其他劳动权利。用人单位的义务就是切实保障劳动者权利的实现。

2011年7月1日起施行的《社会保险法》，意味着社保事业的发展走向规范化、法制化轨道，将社保制度政策上升为法律规范，以法律形式保障百姓的社保权益。根据该法规定，国家建立基本养老保险、基本医疗保险、工伤保险、失业保险、生育保险等社会保险制度，保障公民在养老、疾病、工伤、失业、生育等情况下依法从国家和社会获得物质帮助的权利。社会保险关系到每个人的切身利益，公民有必要对这部法律进行全面深入的了解。

由于年龄、性别等生理原因，未成年人和妇女都属于相对弱势群体，国家不仅制订了《未成年人保护法》和《妇女权益保障法》等专门法律来彰显对未成年人和妇女权益的保护，而且关于未成年人和妇女的保护的规定也散见于婚姻法、义务教育法、劳动法、农村土地承包法等各个领域的法律规范之中。

一、劳动就业

案例1：用人单位自用工之日起即与劳动者建立劳动关系

——卢某诉某制衣公司劳动关系纠纷案

案 情

卢某自1976年到某制衣公司处工作，系该公司的临时工。从2000年后多次要求公司为其办理养老保险和退休手续。双方存在10年以上事实劳动关系。卢某遂请求法院判决支持其与某制衣公司订立无固定期限劳动合同。某制衣公司辩称：其与卢某不存在劳动关系，卢某系临时计件工，没有固定的劳动关系。

法院认为，卢某在某公司工作，某公司支付报酬，双方存在事实上的劳动关系。用人单位与职工全面实行劳动合同制后，卢某应享有与其他职工相同的待遇，某制衣公司应为卢某办理养老保险及退休手续。某制衣公司称卢某系临时计件工，与其没有固定的劳动关系的理由不予采纳。

评　析

《劳动合同法》第7条规定："用人单位自用工之日起即与劳动者建立劳动关系。用人单位应当建立职工名册备查。"根据该规定，建立劳动关系的唯一标准是实际提供劳动。换言之，只要劳动者实际提供劳动，用人单位实际用工，就建立了劳动关系。但为了解决书面劳动合同签订率偏低的问题，《劳动合同法》第10条第1款、第2款对订立书面合同的期限作了明确规定，即劳动关系一经建立，就应该签订书面劳动合同；已建立劳动关系，未同时订立书面劳动合同的，应当自用工之日起一个月内订立书面劳动合同。

在现实中，很多用人单位为了免除法定义务，使劳动关系处于一种不明确的状态，导致发生劳动争议时无据可查，经常有不订立书面劳动合同的情况发生。根据《劳动合同法实施条例》第6条、第7条的规定，用人单位自用工之日起超过一个月不满一年未与劳动者订立书面劳动合同的，自用工之日起满一个月的次日至补订书面劳动合同的前一日，应当向劳动者每月支付两倍的工资，并与劳动者补订书面劳动合同；劳动者不与用人单位订立书面劳动合同的，用人单位应当书面通知劳动者终止劳动关系，并向劳动者支付经济补偿；用人单位自用工之日起满一年未与劳动者订立书面劳动合同的，自用工之日起满一个月的次日至满一年的前一日，应当向劳动者每月支付两倍的工资，并视为自用工之日起满一年的当日已经与劳动者订立无固定期限劳动合同，应当立即与劳动者补订书面劳动合同。

本案中，卢某与某制衣公司虽然没有签订书面劳动合同，但双方自卢某实际工作之日起就建立了事实劳动关系，并自卢某工作满一年之日起视为签订无固定期限劳动合同，某制衣公司有义务为卢某办理养老保险和退休手续。

案例2：劳动者在试用期间不符合录用条件的，用人单位可以解除合同

——周某诉某企业劳动合同纠纷案

案 情

法学研究生周某进入某中外合资企业工作，双方签订了为期2年的劳动合同，约定周某担任法务经理职务，试用期为2个月。试用期内，业务部门向周某咨询“法定代表人的定义、职位范围及法律责任”过程中，周某仅回答“现有法律法规中无直接规定，内容散见于多部法律、规定中”，并附了长达数十页的法律条文。另外，企业在向其咨询“中标通知书相关法律责任问题”时，周某没有提供实质性和可操作性的观点，后该项工作还是经原法律部经理修改才得以完成。因周

某不能胜任企业安排的工作，企业遂依据劳动合同中试用期不符合录用条件的约定，解除与周某的劳动合同关系。周某不服企业的解除行为，申请仲裁，被裁决不予支持。周某遂诉至法院。

法院认为，周某的工作表现不符合一般情形下对于法务经理的普遍认知，故某企业认为周某不能胜任法务经理的工作，不符合录用条件，决定解除劳动合同，并无不当。法院判决驳回周某的诉讼请求。

评 析

试用期是指用人单位和劳动者双方相互了解、确定对方是否符合自己的招聘条件或求职条件而约定的考察期。《劳动合同法》第19条至第21条对试用期条款的约定作了明确规定，主要内容如下：

（1）试用期限。以完成一定工作任务为期限的劳动合同或者劳动合同期限不满3个月的，不得约定试用期。劳动合同期限3个月以上不满1年的，试用期不得超过1个月；劳动合同期限1年以上不满3年的，试用期不得超过2个月；3年以上固定期限和无固定期限的劳动合同，试用期不得超过6个月。据此，本案关于试用期限的约定是合法的。

（2）试用程序。用人单位与劳动者建立劳动关系时，应当签订劳动合同，劳动合同中可以约定试用期条款，试用期包含在劳动合同期限内。法律不允许单独约定试用期。仅约定试用期限的合同，试用期不成立，该期限视为劳动合同期限。

（3）试用期内解除合同。《劳动合同法》第 21 条规定：“在试用期中，除劳动者有本法第三十九条和第四十条第一项、第二项规定的情形外，用人单位不得解除劳动合同。用人单位在试用期解除劳动合同的，应当向劳动者说明理由。”根据该规定，用人单位在试用期内不能随便解除劳动合同，但并非完全不能解除。如《劳动合同法》第 39 条第 1 项就规定，劳动者在试用期间被证明不符合录用条件的，用人单位可以解除劳动合同。

综上，试用期是为用人单位和劳动者相互认知、了解而设定的期限，劳动者在试用期内可以解除合同，如劳动者的工作能力、思想状况等不符合用人单位的录用条件，用人单位也可以解除劳动合同。本案中，周某作为某企业高薪聘用的法务经理，应当具备与其岗位、薪资水平相对应的法律素养和工作能力，能为具体业务部门提供良好的法律支持，但周某显然并不具备这种能力，因此用人单位可以解除劳动合同，以保证职工队伍的素质。

案例3：用人单位的商业秘密受到法律保护，劳动者违反约定应予以赔偿

——甲公司诉张某违反竞业限制条款案

案情

甲公司与张某签订《（副）董事长保密协议书》，约定：张某有义务严格遵守某公司的保密制度；未经法定程序擅自离职，经确认从事违反协议的有关条款、给甲公司造成经济损失或泄露有关技术秘密时，须向甲公司支付1000万元违约金。之后，张某擅自离职，到乙公司任董事长，并以甲公司技术研发另一配方生产墨水。为此，甲公司要求张某承担违约责任，支付违约金400万元。

法院认为，甲公司生产的墨水产品所包含的技术信息属于商业秘密，张某在乙公司“研制”、生产前述喷绘墨水，违反其所负有的保守商业秘密义务，属于不正当使用其所掌握的商业秘密的行为，已侵犯了甲公司的商业秘密。甲公司据此要求张某支付违约金400万元，是其选择要求张某承担违约责任且系在约定的违约金限额内对自己权利的合法处分，上述请求合理有据，亦不违反法律、行政法规的强制性规定，应予照准。

评 析

在劳动合同中，用人单位不得与劳动者约定由劳动者承担违约金，但两种情况除外，一是可以就劳动者服务期事项约定违约金，二是可以就竞业限制事项约定违约金。本案即涉及后者。

根据《劳动合同法》第23条规定，用人单位与劳动者可以在劳动合同中约定保守用人单位的商业秘密和与知识产权相关的保密事项，如保密义务人、保密内容和范围、保密措施、保密待遇、违反保密义务的责任等。对负有保密义务的劳动者，用人单位可以在劳动合同或者保密协议中与劳动者约定竞业限制条款，并约定在解除或者终止劳动合同后，在竞业限制期限内按月给予劳动者经济补偿。劳动者违反竞业限制约定的，应当按照约定向用人单位支付违约金。

竞业限制的实施客观上限制了劳动者的就业权，因此《劳动合同法》第24条对竞业限制的范围和期限作了限制。竞业限制的人员限于用人单位的高级管理人员、高级技术人员和其他负有保密义务的人员。竞业限制的范围、地域、期限由用人单位与劳动者约定，竞业限制的约定不得违反法律、法规的规定。在解除或者终止劳动合同后，受竞业限制约束的人员到与本单位生产或者经营同类产品、从事同类业务的有竞争关系的其他用人单位，或者自己开业生产或者经营同类产品、从事同类业务的竞业限制期限，不得超过2年。

本案中，张某作为甲公司的高级管理人员，其与公司订立的《（副）董事长保密协议书》合法有效，张某违反协议约定，侵犯了甲公司的商业秘密，应依约定承担支付违约金的责任。

案例4：订立劳动合同应遵循诚实信用的原则

——某公司诉彭某学历造假的劳动合同无效案

案 情

彭某在向某公司提交履历时称自己毕业于上海财经大学，后被聘为某公司营业部部长。彭某工作2年后，某公司发现彭某所申报的履历有假，并以其伪造履历为由解除了与彭某的劳动合同。彭某不服，申请劳动仲裁，要求公司向其支付1.2万余元作为解除劳动合同的经济补偿。仲裁委员会作出裁决：某公司向彭某支付解除劳动合同经济补偿金1.2万余元。某公司不服，诉至法院，称彭某提供虚假学历，致使某公司与其签订待遇优厚的劳动合同。某公司依法解除劳动合同，无须支付经济补偿金。

法院认为，用人单位与劳动者订立劳动合同，应当遵循合法、公平、平等自愿、协商一致、诚实信用的原则，用人单位有权了解劳动者与劳动合同直接相关的基本情况，劳动者应当如实说明。经查证，彭某向某公司提供的确为假文凭。因此，某公司以彭某隐瞒真实学历，双方签订的劳动合同无效为由解除劳动关系，在此情况下无须向彭某支付任何经济补偿。

评 析

《劳动合同法》第 3 条第 1 款规定了订立劳动合同的基本原则，即“订立劳动合同，应当遵循合法、公平、平等自愿、协商一致、诚实信用的原则”。其中诚实信用是指在订立合同或履行合同过程中要真诚、讲信用，不得有欺诈行为。如《劳动合同法》第 8 条就对用人单位的告知义务和劳动者的说明义务作了规定：用人单位招用劳动者时，用人单位应当如实告知劳动者工作内容、工作条件、工作地点、职业危害、安全生产状况、劳动报酬，以及劳动者要求了解的其他情况；用人单位也有权了解劳动者与劳动合同直接有关的基本情况，诸如工作经历、学历状况、竞业禁止等内容，劳动者应如实告知。

因此，在劳动合同的签订过程中，用人单位和劳动者都需遵守诚实信用原则，也都有如实告知的义务。不论哪一方，一旦违反了告知义务，就有可能构成以欺诈手段签订劳动合同。根据《劳动合同法》第 26 条第 1 款的规定，下列劳动合同无效或者部分无效：（1）以欺诈、胁迫的手段或者乘人之危，使对方在违背真实意思的情况下订立或者变更劳动合同的；（2）用人单位免除自己的法定责任、排除劳动者权利的；（3）违反法律、行政法规强制性规定的。故用人单位或劳动者违反告知义务，以欺诈手段使对方在违背真实意思的情况下订立劳动合同的，该合同无效。

本案中彭某提供虚假学历，致使某公司与其签订待遇优厚的劳动合同，属于以欺诈手段签订劳动合同，该合同无效，某公司可以解除劳动合同且无须向彭某支付经济补偿金。

案例5：劳动者单方解除劳动合同的情形

——甲公司诉董某劳动争议纠纷案

案情

2004年12月，董某在甲公司从事包装工作，二者签订了固定期限的劳动合同；2013年8月，二者又签订了无固定期限劳动合同。工作期间，甲公司为董某缴纳了2004年12月至2013年12月期间的养老保险费、2012年7月至2013年12月期间的生育保险费、2013年1月至2013年12月期间的失业保险费、2012年7月至2013年12月期间的工伤保险费，医疗保险费和其他期间的保险费，原告没有为其缴纳。2014年2月后，甲公司因经营困难，不能安排董某正常劳动，遂向董某发放生活费，标准为每人每天15元，星期六、星期天没有发放。后董某以甲公司未足额支付其工资、未足额缴纳社会保险费为由，于2014年6月向某县劳动人身争议仲裁委员会申请仲裁，仲裁委作出裁决：解除甲公司与董某间的劳动关系；甲公司向董某支付解除劳动关系经济补偿金；甲公司为董某缴纳社会保险费至解除劳动关系止。甲公司对仲裁裁决不服，诉至法院。

法院认为，甲公司未全面履行用人单位依法缴纳社会保险费的义务，存在违法情形，董某有权单方解除劳动合同，甲公司应当向董某支付经济补偿，但社会保险费补缴争议不属本案审理范围，不予审理。

评 析

本案涉及劳动者单方解除劳动合同的情形。根据《劳动合同法》第38条规定，用人单位有下列情形之一的，劳动者可以解除劳动合同：（1）未按照劳动合同约定提供劳动保护或者劳动条件的；（2）未及时足额支付劳动报酬的；（3）未依法为劳动者缴纳社会保险费的；（4）用人单位的规章制度违反法律、法规的规定，损害劳动者权益的；（5）因本法第26条第1款规定的情形致使劳动合同无效的；（6）法律、行政法规规定劳动者可以解除劳动合同的其他情形。用人单位以暴力、威胁或者非法限制人身自由的手段强迫劳动者劳动的，或者用人单位违章指挥、强令冒险作业危及劳动者人身安全的，劳动者可以立即解除劳动合同，无须事先告知用人单位。

另根据《劳动合同法》第46条第1项规定，劳动者依照本法第38条规定解除劳动合同的，用人单位应当向劳动者支付经济补偿。第47条第1款规定，经济补偿按劳动者在本单位工作的年限，每满1年支付1个月工资的标准向劳动者支付。6个月以上不满1年的，按1年计算；不满6个月的，向劳动者支付半个月工资的经济补偿。

综上，用人单位未依法为劳动者缴纳社会保险费的，劳动者可以随时要求解除劳动关系，并可以要求用人单位支付经济补偿金。这是用人单位没有按照约定履行合同应承担的违约责任。因此本案中董某有权以用人单位未全面履行依法缴纳社会保险费的义务为由要求解除与甲公司的劳动合同并要求其支付经济补偿金。

案例6：劳动者严重违反用人单位制度，用人单位可以解除合同

——蒋某诉甲公司劳动合同纠纷案

案 情

蒋某与甲公司签订了为期2年的劳动合同。劳动合同期间，蒋某殴打同事刘某，严重违反公司规章制度，甲公司遂以此为由，向其发出除名通知。蒋某不服，诉至法院，要求被告甲公司支付其解除劳动合同的经济补偿金和一个月工资的代通知金。

甲公司辩称，由于蒋某严重违反公司规章制度，故被除名，因而属于合法解除劳动关系，不应支付经济补偿金和代通知金。

法院认为，蒋某上班时间，在甲公司车间内殴打他人，其行为严重违反甲公司的规章制度，甲公司在通知工会后，对蒋某作出除名处分决定，符合事实和法律的规定，合法有效。甲公司以蒋某严重违纪为由解除劳动合同，相关法律未规定应当提前30天通知和支付经济补偿金。故判决驳回蒋某的诉讼请求。

评 析

本案涉及用人单位单方解除劳动合同的情形。《劳动合同法》第39条对过失性辞退的情形作了规定，即劳动者有下列情形之一的，用人单位可以解除劳动合同：（1）在试用期间被证明不符合录用条件的；（2）严重违反用人单位的规章制度的；（3）严重失职，营私舞弊，给用人单位造成重大损害的；（4）劳动者同时与其他用人单位建立劳动关系，对完成本单位的工作任务造成严重影响，或者经用人单位提出，拒不改正的；（5）以欺诈、胁迫的手段或者乘人之危，使用人单位在违背真实意思的情况下订立或变更劳动合同，而致使劳动合同无效的；（6）被依法追究刑事责任的。

《劳动合同法》第40条对无过失性辞退的情形作了规定，即有下列情形之一的，用人单位提前30日以书面形式通知劳动者本人或者额外支付劳动者1个月工资后，可以解除劳动合同：

（1）劳动者患病或者非因工负伤，在规定的医疗期满后不能从事原工作，也不能从事由用人单位另行安排的工作的；（2）劳动者不能胜任工作，经过培训或者调整工作岗位，仍不能胜任工作的；（3）劳动合同订立时所依据的客观情况发生重大变化，致使劳动合同无法履行，经用人单位与劳动者协商，未能就变更劳动合同内容达成协议的。

本案中，甲公司以蒋某严重违反公司的规章制度为由解除与蒋某的合同，属于《劳动合同法》第 39 条而非第 40 条规定的情形，也不符合《劳动合同法》第 46 条规定的需要支付经济补偿金的情形，因此用人单位可以随时解除劳动合同而无须提前通知劳动者或额外支付一个月的工资，也无须给付经济赔偿金，因为这属于劳动者的重大过错所导致的后果，劳动者应对自己的行为承担责任。

案例 7：职工个人签订劳动合同的工资不得低于集体合同规定的标准

——李某诉某企业集体劳动合同纠纷案

案　情

2016 年 12 月 1 日，某企业与该企业的工会组织就职工的劳动报酬、工作时间、休息休假、各种福利待遇等事项签订了集体合同，该集体合同期限为 2017 年 1 月 1 日至 2019 年 12 月 31 日。其中，集体合同规定职工的月工资不得低于 1500 元。2016 年 12 月 25 日，双方将集体合同提交当地劳动与社会保障部门审查。截至 2017 年 3 月 25 日，劳动与社会保障部门仍未给予答复，该企业认为该集体合同没有被劳动与社会保障部门批准，因此，该集体合同未生效。于是，该企业于 2019 年 10 月与李某签订劳动合同，月工资标准为 1200 元。李某认为工资标准违反集体合同规定，遂诉至法院。

法院认为，集体合同规定职工的月工资不得低于 1500 元，对该企业与其职工都有约束力。该企业在 2019 年 10 月与李某签订的劳动合同中，将李某的月工资标准定为 1200 元，低于集体合同规定的标准，因而是无效的。

评 析

本案争议的焦点是集体合同的效力问题。所谓集体合同，是指企业工会和职工代表，与企业经营者以及双方代表组织就有关劳动报酬、工作时间、休息休假、劳动安全卫生、职工福利与保险等事项，经平等协商达成的书面协议。

《劳动合同法》第 54 条规定："集体合同订立后，应当报送劳动行政部门；劳动行政部门自收到集体合同文本之日起十五日内未提出异议的，集体合同即行生效。依法订立的集体合同对用人单位和劳动者具有约束力。行业性、区域性集体合同对当地本行业、本区域的用人单位和劳动者具有约束力。”本案中，某企业与其工会组织于2016年12月25日将双方签订的集体合同提交当地劳动与社会保障部门审查，截至2017年3月25日，劳动与社会保障部门仍未给予答复即未提出异议。根据上述规定，双方签订的集体合同于2017年1月11日即行生效。

依法订立的集体合同对用人单位和全体职工具有约束力，用人单位和劳动者都必须遵守。该约束力体现为《劳动合同法》第55条的规定，即用人单位与劳动者订立的劳动合同中劳动报酬和劳动条件等标准不得低于集体合同规定的标准。也就是说，集体合同是最低标准合同。本案中，某企业与李某签订的劳动合同中约定的工资标准低于集体合同的标准，因而是无效的。

案例8：劳务派遣的工资发放由用人单位支付

——郑某诉甲公司、乙公司劳务派遣合同纠纷案

案情

郑某是退伍军人，乙公司根据相关文件的要求，将郑某派遣到甲公司从事社区经理工作，并签订劳动合同，约定月工资1250元。工作期间，郑某服从安排认真完成本职工作。之后，

甲公司将郑某调整到新的工作岗位任职，新工作岗位工资标准远低于原岗位工资标准。郑某数次与二被告协商无果后，被迫向乙公司申请解除劳动关系，后二被告作出《解除劳动合同通知书》，但未对郑某做任何经济补偿。郑某因此将甲、乙两公司诉至法院。

法院认为，郑某与被告乙公司是劳务派遣关系，被告甲公司只是用工单位，郑某经济补偿金的请求主体应该是用人单位被告乙公司。郑某主动辞职无权要求用人单位支付经济补偿金。故判决驳回郑某的诉讼请求。

评 析

劳务派遣是通过三方主体（用人单位、被派遣劳动者、用工单位）分别签订两份合同（劳动合同、劳务派遣协议）来实现的。

关于劳动合同的订立，《劳动合同法》第 58 条规定："劳务派遣单位是本法所称用人单位，应当履行用人单位对劳动者的义务。劳务派遣单位与被派遣劳动者订立的劳动合同，除应当载明本法第十七条规定的事项外，还应当载明被派遣劳动者的用工单位以及派遣期限、工作岗位等情况。劳务派遣单位应当与被派遣劳动者订立二年以上的固定期限劳动合同，按月支付劳动报酬；被派遣劳动者在无工作期间，劳务派遣单位应当按照所在地人民政府规定的最低工资标准，向其按月支付报酬。”

关于劳务派遣协议的订立，《劳动合同法》第59条规定：“劳务派遣单位派遣劳动者应当与接受以劳务派遣形式用工的单位（以下称用工单位）订立劳务派遣协议。劳务派遣协议应当约定派遣岗位和人员数量、派遣期限、劳动报酬和社会保险费的数额与支付方式以及违反协议的责任。用工单位应当根据工作岗位的实际需要与劳务派遣单位确定派遣期限，不得将连续用工期限分割订立数个短期劳务派遣协议。”

根据上述规定，在劳务派遣合同中，由劳务派遣单位按月支付劳动者的劳动报酬。因此本案中郑某经济补偿金的请求主体应该是劳务派遣单位即被告用人单位乙公司。根据《劳动合同法》第46条规定，郑某主动辞职不符合要求支付经济补偿金的情形，故乙公司无须支付经济补偿金。

案例9：非全日制用工的劳动关系可以随时终止且无须支付经济补偿金

——吴某诉某技师学院非全日制用工纠纷案

案 情

吴某在某技师学院任教，双方未签订书面协议，但双方对劳动关系的成立没有异议。吴某的课酬依据课时计算，每节课

45分钟，每日不超过4小时，每周不超过24小时。吴某上完课可自行安排，某技师学院并不干涉。后某技师学院通知吴某双方解除劳动关系。吴某不服，认为自己属于全日制用工，某技师学院通知解除劳动关系违法，遂诉至法院。

法院认为，吴某属于非全日制用工，某技师学院可随时通知其终止用工，也无须向其支付经济补偿，遂判决驳回吴某的诉讼请求。

评 析

非全日制用工是一种灵活的用工形式，它与全日制用工的区别主要有以下几个方面：

第一，工作时间不同。标准的全日制用工实行每天工作不超过8小时，每周不超过40小时的标准工时制度。非全日制用工的工作时间一般每天不超过4小时，每周工作时间累计不超过24小时。

第二，非全日制用工双方当事人可以订立口头协议。而全日制用工，按照《劳动合同法》的规定，用人单位与劳动者应当订立书面劳动合同。

第三，非全日制用工中可以有双重或者多重劳动关系，即从事非全日制用工的劳动者可以兼职。全日制用工中则不允许存在多重劳动关系，用人单位招用与其他用人单位尚未解除或者终止劳动合同的劳动者，给其他用人单位造成损失的，应当承担连带赔偿责任。

第四，非全日制用工的劳动关系可以随时终止且无须支付经济补偿金。全日制用工的劳动合同终止或解除的，除一些特别情况外，用人单位须向劳动者支付经济补偿金。

第五，非全日制用工以小时计酬，结算支付周期最长不超过 15 日。全日制用工应当按月以货币形式向劳动者支付工资，支付工资的周期比非全日制用工长。

正是由于上述不同，因此对于用工形式的认定对用人单位和劳动者的权利义务有重大影响，如只有明确地区分全日制和非全日制用工，才能正确地判断出劳动者是否可以主张经济赔偿金的问题。

本案中，吴某在某技师学院任教，双方未签订书面协议，但双方对劳动关系的成立没有异议，因此，彼此之间存在事实劳动关系。吴某的课酬是依据课时来计算，其每节课 45 分钟，从吴某在某技师学院上课课时统计来看，吴某并没有超过每周 24 小时，每日 4 小时的规定，其上完课可自行安排，某技师学院并不干涉。另外，吴某未上课及寒暑假期间就没有报酬。从以上情形来看，王某属于非全日制用工，故某技师学院可随时通知对方终止用工且无须支付经济补偿金。

二、社会保险

案例10：用人单位与职工关于不缴纳社会保险费的约定无效

——魏某诉甲企业社会保险纠纷案

案 情

魏某是甲企业员工，双方签订了一份5年期的劳动合同，合同中约定单位除支付工资外，每月再额外支付给魏某100元，单位不再缴纳任何社会保险费。后魏某因被辞退而引发劳动争议，向劳动争议仲裁委员会申请仲裁，要求该企业支付解除劳动合同的经济补偿金和补交养老、医疗等社会保险费。劳动争议仲裁委员会裁决支持魏某关于解除劳动合同经济补偿金的请求，却以魏某同意企业不为其办理养老、医疗等社会保险为由驳回了关于补交社会保险费的请求。魏某不服仲裁裁决，向法院起诉，请求企业为其补交社会保险费。

法院最终支持了魏某的诉讼请求。

评 析

劳动领域属于社会法范畴，不完全适用当事人自由协商原则。考虑到劳动领域中用人单位和劳动者之间地位并不完全平等，用人单位利用经济上的优势往往占有主导地位，同时用人单位和劳动者之间又有很大的协商空间，因此国家对劳动关系作了一定的介入。其中用人单位为其职工参加社会保险，缴纳社会保险费是用人单位的一项法定义务，用人单位不得剥夺职工的法定权利。社会保险具有强制性，依法参加社会保险，缴纳保险费用，是用人单位和劳动者的法定责任和义务。《社会保险法》第10条、第23条、第33条、第44条、第53条分别规定了用人单位应当缴纳基本养老保险费、基本医疗保险费、工伤保险费、失业保险费和生育保险费。《劳动法》第72条规定，用人单位和劳动者必须依法参加社会保险，缴纳社会保险费。因此，职工社会保险不同于自由投保的商业保险，是法定的强制性保险。

凡是在社会保障覆盖范围内的用人单位及其职工，都必须参加养老保险，不得以各种理由拒绝参加。只要用人单位和劳动者依法确立了劳动关系，用人单位就必须参加社会保险，按照社会保险的项目、保险费缴纳的方式和标准、保险待遇的内容和标准等为员工办理社会保险的相关手续。按照一般法理，当事人约定不得违反法律的强制性规定，一旦违反，约定无效。因此，用人单位和职工之间关于不参加社会保险的约定，与《社会保险法》《劳动法》等法律法规的强制性规定相抵触，属于无效约定，因此该约定并不能成为在职工反悔时，用人单位不参加社会保险的抗辩理由。换言之，即使该约定是职工真实意思的表示，职工事后仍可反悔，其要求用人单位为其办理社会保险手续的请求仍能得到法律的支持。

本案中，根据《劳动法》的规定，涉及用人单位与职工约定或者双方认可不参加职工社会保险的，约定无效。

案例11："工伤概不负责"的约定无效

——李某诉某酒店工伤保险纠纷案

案 情

李某被某酒店招聘为采购人员，双方签订了劳动合同，但该酒店一直没有给李某缴纳社会保险费。李某从租住地坐车到该酒店上班途中，发生交通事故被撞伤。事后，经劳动鉴定委员会鉴定为伤残六级。李某的妻子没有固定职业，有两个孩子读书，全靠李某抚养。李某向法院提起诉讼，要求酒店支付医疗费15485元，支付假肢费、复诊费11750元，支付住院期间工资6000元，支付一次性伤残补助金10528元，支付伤残津贴5264元，支付一次性伤残抚恤金278586元。酒店认为，双方已在劳动合同中约定"工伤概不负责"，因此酒店不应承担工伤赔偿责任。

评 析

本案涉及的法律问题主要有如下三个：

（1）李某在上下班途中受到交通事故伤害能否认定为工伤。工伤认定的原则是“三工标准”，即在工作时间和工作场所，因工作原因受到事故伤害的。同时为了更好地保护职工合法权益，《工伤保险条例》放宽工伤认定的条件，在“三工标准”基础上，将工作时间、工作场所和工作原因都作了适当延伸，例如，根据《工伤保险条例》第 14 条第 6 项规定，职工在上下班途中，受到非本人主要责任的交通事故或者城市轨道交通、客运轮渡、火车事故伤害的，应当认定为工伤。

（2）酒店与李某在劳动合同中载明的“工伤概不负责”的约定是否有效。《社会保险法》第 33 条规定，职工应当参加工伤保险，由用人单位缴纳工伤保险费，职工不缴纳工伤保险费。据此，用人单位负有为职工办理工伤保险的法定义务。根据《劳动合同法》第 26 条第 1 款第 2 项的规定，用人单位免除自己的法定责任、排除劳动者权利的，劳动合同无效或者部分无效。“工伤概不负责”的约定免除了用人单位为职工参加工伤保险，以及未参加工伤保险发生工伤时由用人单位支付工伤保险待遇的法定义务，因此即使职工是自愿达成约定的，也因为显失公平、有违公序良俗，约定自始无效。用人单位不得以有该约定为不承担赔偿责任的抗辩理由，仍需依法承担工伤赔偿责任。

（3）酒店未为李某缴纳社会保险费，李某如何享受工伤保险待遇的问题。《社会保险法》第41条规定，职工所在用人单位未依法缴纳工伤保险费，发生工伤事故的，由用人单位支付工伤保险待遇。用人单位不支付的，从工伤保险基金中先行支付。从工伤保险基金中先行支付的工伤保险待遇应当由用人单位偿还。用人单位不偿还的，社会保险经办机构可以依法向其追偿。

本案中，李某在上下班途中因交通事故而受伤，属于工伤，有权享受工伤保险待遇。由于酒店没有为李某参加工伤保险，该工伤保险待遇全部由酒店支付。

案例12：生育保险待遇项目是法定的，不得采取包干制

——孙某诉甲企业生育保险纠纷案

案　情

甲企业按照省政府规定参加了当地的生育保险。省政府规定，生育保险费率为0.7%，收费基数为职工工资总额，按月向当地社会保险经办机构缴纳。甲企业以企业经营成本高、负担重为由，以企业规章形式作了两项规定：一是按照每个职工月工资0.3%的比例向职工个人征收生育保险费；二是实行生

育费包干的办法，一次性生育费为2000元。女工孙某与甲企业签订了5年期限的书面劳动合同，其间怀孕生育，住院期间花费检查费、接生费等医疗费用共1500元。孙某认为一次性生育费2000元太低，企业还应当支付生育津贴，遂向当地劳动争议仲裁委员会提出申诉，要求甲企业足额支付生育保险待遇，同时由企业全额支付生育保险费。

评　析

本案中涉及两个问题：一是生育保险费由谁来负担；二是生育保险待遇有哪些内容，用人单位可否单方规定。

（1）生育保险费应由用人单位缴纳，参保人不缴费。生育保险是一类社会保险，保障职工在生育时的医疗费承担和工资收入损失的补偿。《社会保险法》第53条明确规定：“职工应当参加生育保险，由用人单位按照国家规定缴纳生育保险费，职工不缴纳生育保险费。”因此，本案中甲企业的企业规章中规定职工个人承担0.3%的生育保险费是违法的，违法的企业规章制度没有效力，应当由劳动监察部门予以纠正。

（2）生育保险待遇项目是法定的，不得采取包干制。《社会保险法》第54条第2款规定：“生育保险待遇包括生育医疗费用和生育津贴。”其中生育医疗费用是因生育产生的医疗救治费用。根据《社会保险法》第55条规定，生育医疗费用主要包括：①生育的医疗费用，如检查费、接生费、手术费、住院费和药费等；②计划生育的医疗费用，即职工因计划生育实施放置（取出）宫内节育器、流产术、引产术、绝育及复通手术所发生的医疗费用；③法律、法规规定的其他项目费用。生育津贴是因生育离开工作岗位停止提供劳动所遭受劳动报酬损失的补偿。根据《社会保险法》第56条规定，职工有下列情形之一的，可以按照国家规定享受生育津贴：①女职工生育享受产假；②享受计划生育手术休假；③法律、法规规定的其他情形。生育津贴的标准为按照职工所在用人单位上年度职工月平均工资计发。

本案中，甲企业的作法是违反《社会保险法》的明确规定的，应当由甲企业承担全部的生育保险费，并按规定将生育保险基金所支付的生育医疗费用和生育津贴全部发给孙某，不得以包干等形式克扣生育保险待遇。

三、特殊群体保障

（一）未成年人保护

案例13：禁止用人单位招用未满16周岁的未成年人

——某俱乐部变相招用童工被处罚案

案 情

某俱乐部员工发现门口躺着一名十三四岁的孩子，后得知其是外地一名初中生，因为琐事和家人发生矛盾，负气离家出走。没有钱又不愿回家，又累又饿倒在俱乐部门前。总经理想给其300元让其回去，孩子说不能白拿别人的钱，总经理就让其在门口当几天门童，300元当作工资。孩子在门口站了一天，经劳动局工作人员调查，以俱乐部非法雇用童工为由罚款2000元。

评 析

互联网经济的发展使儿童模特成为新兴产业，同时也暴露出儿童权益保护相关问题。为此，检察机关充分发挥监督职能，主动与行政执法机关和未成年人保护机构密切协作，推动建立检察机关牵头的童模保护机制，共同对童模行业中存在的损害未成年人权益的行为进行监督规范，给童模穿上“法律保护服”，携手为未成年人权益保护提供坚实保障。《未成年人保护法》第 4 条规定：“保护未成年人，应当坚持最有利于未成年人的原则。处理涉及未成年人事项，应当符合下列要求：（一）给予未成年人特殊、优先保护；（二）尊重未成年人人格尊严；（三）保护未成年人隐私权和个人信息；（四）适应未成年人身心健康发展的规律和特点；（五）听取未成年人的意见；（六）保护与教育相结合。”《劳动法》和《禁止使用童工规定》分别对未成年工和童工的保护作出了具体规定。

按照《劳动法》第 15 条规定，年满 16 周岁的人就可以参加工作，已满 16 周岁不满 18 周岁的人参加工作为未成年工，而未满 16 周岁的人即参加工作为童工。

关于未成年工的保护，《劳动法》第 64 条规定，不得安排未成年工从事矿山井下、有毒有害、国家规定的第四级体力劳动强度的劳动和其他禁忌从事的劳动。第 65 条规定，用人单位应当对未成年工定期进行健康检查。

关于童工，《劳动法》第 15 条规定，禁止用人单位招用未满 16 周岁的未成年人。文艺、体育和特种工艺单位招用未满 16 周岁的未成年人，必须依照国家有关规定，履行审批手续，并保障其接受义务教育的权利。《禁止使用童工规定》第2条规定，国家机关、社会团体、企业事业单位、民办非企业单位或者个体工商户均不得招用不满16周岁的未成年人。禁止任何单位或者个人为不满16周岁的未成年人介绍就业。禁止不满16周岁的未成年人开业从事个体经营活动。特殊情况下，根据《禁止使用童工规定》第13条第1款规定，文艺、体育单位可以经过特殊的审批手续，在经未成年人的父母或者其他监护人同意的前提下，招用不满16周岁的未成年人，成为专业文艺工作者、运动员。用人单位应当保障被招用的不满16周岁的未成年人的身心健康，为其配备适应未成年人身心发展规律和特点的教育与保护机制，保障其接受义务教育的权利。

本案中，俱乐部属于商业性的娱乐单位，并不是艺术团、少年体校等文化、体育单位，没有招用童工的资格。俱乐部总经理给孩子300元，孩子给俱乐部当几天门童，从法律上来讲属于变相招用童工，违反了法律的规定，劳动部门可以视其情况进行检查、罚款。

案例14：父母必须履行对未成年子女的监护职责和抚养义务

——余某诉父母抚养费纠纷案

案情

余某刚满2岁时父母便离异，之后母亲再嫁。法院判决余某由父亲抚养，但实际上余某是与年迈的爷爷相依为命。父亲从不管他，母亲也从不来看他。13岁时，爷爷去世，余某便和父亲在一起生活，父亲经常打骂他，后来还将其赶出家门，不管不问。余某无家可归，四处流浪，沾染了许多恶习，最终因盗窃被送到某工读学校学习。余某没有生活来源，其父母一次也没有来看过他，更不要说给其生活费。后来，在当地村委会和律师的帮助下，余某将其父母告上法庭，要求父母支付生活费。

评析

本案涉及的问题是父母对于未成年子女的抚养义务和监护职责问题。《未成年人保护法》第7条规定，未成年人的父母或者其他监护人依法对未成年人承担监护职责。国家采取措施指导、支持、帮助和监督未成年人的父母或者其他监护人履行监护职责。具体而言，依照《民法典》、《预防未成年人犯罪法》、《未成年人保护法》第二章的有关规定，父母应从以下几个方面履行对未成年子女的监护职责和抚养义务：

（1）从物质上履行对未成年子女的抚养义务和监护职责，父母必须从物质上、经济上对未成年子女进行养育和照料，使子女身体能够健康成长，这是最重要的监护职责和义务。

（2）保证未成年子女接受义务教育的权利。父母应当尊重未成年人受教育的权利，必须使适龄未成年人依法入学接受并完成义务教育，不得使接受义务教育的未成年人辍学。

（3）加强对未成年子女的教育和管理。父母应当关注未成年人的生理、心理状况和行为习惯，以健康的思想、良好的品行和适当的方法教育和影响未成年人，引导未成年人进行有益于身心健康的活动，预防和制止未成年人吸烟、酗酒、流浪、沉迷网络以及赌博、吸毒、卖淫等行为。

（4）保护未成年子女的各项合法权益不受侵害。保护未成年子女的人身权、财产权、继承权不受侵害以及不得允许或强迫未成年人结婚，不得为未成年人订立婚约。

根据上述规定，父母对于未成年子女的监护职责和抚养义务是法定义务，必须履行。不能想履行就履行，不想履行就不履行。如果父母不依法履行上述职责和义务或者侵害未成年子女的合法权益的，根据《民法典》第36条规定，有关部门如居民委员会、村民委员会、学校、医疗机构、妇女联合会、残疾人联合会、未成年人保护组织、依法设立的老年人组织、民政部门等应对其进行批评教育，经教育不改的，法院可以根据有关人员或单位的申请，撤销其监护人的资格，依法另行确定监护人。

本案中，余某在父母离异后随父亲生活，但他的父亲却没有尽到抚养教育义务，余某的母亲也没有对他履行过相应的监护责任，余某身上之所以染上了许多不良行为，其父母有着不可推卸的责任。因此余某的父母应当支付余某各项生活费用，直至其长大成人。

（二）妇女权益保障

案例15：女职工在孕期的，用人单位不可以单方解除劳动合同

——王某诉某公司劳动合同纠纷案

案 情

女职工王某入职某公司。劳动合同约定其工作岗位是行政主管，每月工资2800元。之后王某怀孕，在王某怀孕期间，公司向其发出书面通知，宣布解除双方的劳动合同。王某找到公

司反复协商无果而发生纠纷，遂诉至法院，请求法院判令某公司继续履行劳动合同，并支付劳动报酬。

法院判决支持了王某的诉讼请求。

评 析

为了保障妇女的劳动权益，《妇女权益保障法》针对女性生理特点，明确规定了不能辞退的条款，该法第 27 条规定："任何单位不得因结婚、怀孕、产假、哺乳等情形，降低女职工的工资，辞退女职工，单方解除劳动（聘用）合同或者服务协议。但是，女职工要求终止劳动（聘用）合同或者服务协议的除外。各单位在执行国家退休制度时，不得以性别为由歧视妇女。"《劳动合同法》第 42 条更是明确规定了用人单位不得解除劳动合同的情形，其中第 4 项即为女职工在孕期、产期、哺乳期的，用人单位不得依照《劳动合同法》第 40 条、第 41 条规定解除劳动合同。

本案中，由于王某处在孕期，某公司不能单方解除其与王某的劳动合同。实践中像王某这样因怀孕被用人单位单方解除劳动合同发生纠纷的，应如何处理，具体可分为以下两种情况进行分析：

（1）如果被辞退员工不同意用人单位解除劳动合同，可主张要求继续履行合同，并可主张用人单位赔偿劳动合同解除日至恢复日之间的工资损失。

（2）如果被辞退员工不要求继续履行合同而只是要求支付经济补偿金，在这种情况下，司法实践中视为由用人单位提出，经劳动合同当事人协商一致解除劳动合同。劳动者可依法要求用人单位支付解除劳动合同的经济补偿金，用人单位应根据劳动者在本单位工作年限，每满 1 年发给相当于 1 个月工资的经济补偿金。工作时间 6 个月以上不满 1 年的，按 1 年的标准支付经济补偿金；不满 6 个月的，向劳动者支付半个月工资的经济补偿金。

刑 法 篇

刑法是国家的基本法律之一，是规定什么是犯罪和给犯罪以什么制裁的法律。与民法、行政法相比较，刑法的不同之处在于：首先，它规定的是什么会对国家、社会、人民产生重大危害——犯罪的问题。在刑法里规定了十大类犯罪，400 多种具体罪名，涉及的社会关系相当广泛。其次，它规定了严厉程度重于其他法律的对犯罪的强制手段——刑罚。刑法的惩罚手段最为严厉，强制性最大，对违反刑法构成犯罪的人判处刑罚，不仅可以剥夺其人身自由、政治权利、财产权利，甚至还可以剥夺其生命，真正关乎生杀予夺，而这是其他法律所不具备的严厉的处罚手段、所达不到的强制程度。

自 1997 年我国刑法修订至今，已颁布了 11 个刑法修正案，最近的一个是 2021 年 3 月 1 日起施行的《刑法修正案（十一）》。根据犯罪行为所侵犯的客体不同，刑法里规定了十大类犯罪，分别是：危害国家安全罪；危害公共安全罪；破坏社会主义市场经济秩序罪；侵犯公民人身权利、民主权利罪；侵犯财产罪；妨害社会管理秩序罪；危害国防利益罪；贪污贿赂罪；渎职罪；军人违反职责罪。

刑法是人类社会生活的行为规范，生活在社会中的每一个人，都要遵守刑法规范，不得肆意侵害他人利益和社会公共利益。因此每一个人都有必要学习、了解刑法的相关规定，从而规范、约束自己的行为，避免犯一些完全可以避免的法律失误乃至错误，避免因为突破法律红线而给自己带来不必要的麻烦。同时通过对刑法知识的了解，还可以潜移默化地培养自己的法律意识，规范法律行为，避免犯罪行为的发生，在社会活动中充分考虑法律风险。

本篇以案例分析的形式，对危害公共安全罪，破坏社会主义市场经济秩序罪，侵犯公民人身权利、民主权利罪，侵犯财产罪，妨害社会管理秩序罪，贪污贿赂罪六大类犯罪中的频发罪名，结合案例进行了深入浅出的分析，穿插介绍了刑法中的基本问题如自首、累犯、主犯、正当防卫等，希望能使读者真切地感受到刑法的存在和功能，让读者知道如何做一个遵纪守法的好公民。

一、危害公共安全罪

案例1：投放毒害性物质危害公共安全的，构成投放危险物质罪

——胡某标、丁某生投放危险物质案

案情

某化工公司系环保部门规定的“废水不外排”企业。被告人胡某标系某化工公司法定代表人，曾因犯虚开增值税专用发票罪于2005年6月27日被法院判处有期徒刑二年，缓刑三年。被告人丁某生系某化工公司生产负责人。2007年11月底至2009年2月16日期间，被告人胡某标、丁某生在明知该公司生产过程中所产生的废水含有苯、酚类有毒物质的情况下，仍将大量废水排放至该公司北侧的五支河内，任其流经蟒蛇河污染城西、越河自来水厂取水口，致市区20多万居民饮用水停水长达66小时40分钟，造成直接经济损失人民币543.21万元。最终法院判决，撤销对被告人胡某标的缓刑宣告；被告人胡某标犯投放危险物质罪，判处有期徒刑10年，与其前罪所判处的刑罚并罚，决定执行有期徒刑11年；被告人丁某生犯投放危险物质罪，判处有期徒刑6年。

评 析

本案涉及以下两个问题：

(1) 投放危险物质罪的认定。投放危险物质罪是指故意投放毒害性、放射性、传染病病原体等物质，危害公共安全的行为。①投放危险物质罪既遂与未遂的界限。根据《刑法》第114条规定，只要行为人实施的投放危险物质行为危害了公共安全，即便尚未造成严重后果，也构成投放危险物质罪的既遂。如果已经造成致人重伤、死亡或者公私财产的重大损失的严重后果，则应依照《刑法》第115条规定处罚。②投放危险物质罪与以投放危险物质为手段的行为的区别。不论在何种场合投放危险物质，投放危险物质行为的动机和具体指向如何，只要行为人明知自己投放危险物质的行为会引起不特定多数人或者不特定多数禽畜中毒伤亡，并且希望或者放任这种结果发生，就应以投放危险物质罪论处。如果投放危险物质行为只是指向特定的个人，特定个人家庭饲养的禽畜、承包的鱼塘等，并有意识地将损害结果限制在这个局部范围内，不足以危害公共安全的，不应定投放危险物质罪，而应根据实际情况，构成什么罪就定什么罪，如故意杀人罪、故意毁坏财物罪、破坏生产经营罪等。本案中，胡某标、丁某生明知其公司在生产过程中所产生的废水含有毒害性物质，仍然直接或间接地向其公司周边的河道大量排放，放任危害不特定多数人的生命、健康和公私财产安全结果的发生，使公私财产遭受重大损失，构成投放危险物质罪，且属共同犯罪。胡某标在共同犯罪中起主要作用，是主犯；丁某生在共同犯罪中起次要作用，是从犯。

（2）缓刑的撤销及其处理。根据我国《刑法》第 77 条规定，被宣告缓刑的犯罪分子，在缓刑考验期限内犯新罪或者发现判决宣告以前还有其他罪没有判决的，应当撤销缓刑，对新犯的罪或者新发现的罪作出判决，把前罪和后罪所判处的刑罚，依照本法第 69 条的规定，决定执行的刑罚。被宣告缓刑的犯罪分子，在缓刑考验期限内，违反法律、行政法规或者国务院有关部门关于缓刑的监督管理规定，或者违反人民法院判决中的禁止令，情节严重的，应当撤销缓刑，执行原判刑罚。本案中，胡某标系在缓刑考验期限内犯新罪，依法应当撤销缓刑，予以数罪并罚。

案例 2：故意放火焚烧公私财物，危害公共安全的，构成放火罪

——杜甲因报复放火被判放火罪案

案情

被告人杜甲因怀疑同村村民杜乙曾破坏其子的工程车，遂萌生报复歹念。某日，被告人杜甲酒后看到杜乙在自家小店内

与同村村民熊某、彭某、舒某打麻将，同室内还有十几个人在打牌和围观，遂产生用汽油烧杜乙的想法。被告人杜甲将装满汽油的塑料桶拎进杜乙家的小店，在离杜乙等人的麻将桌还有两三米的地方，将汽油点燃，并将桶往麻将桌方向一推，烧着的汽油流到地上，整个小店起火燃烧，致使熊某、文某、杜丙、彭某、舒某受伤。经法医鉴定，熊某、文某伤势程度为重伤，杜丙伤势程度为轻伤，彭某、舒某伤势程度为轻微伤。

法院审理认为，被告人杜甲明知杜乙小店内聚集有数十人以及小店毗邻其他房屋，汽油燃烧后可能危及不特定人的生命、健康和财产安全，仍放火点燃汽油，造成二人重伤，一人轻伤，二人轻微伤，以及财产损失的严重后果，其行为构成放火罪。判决被告人杜甲犯放火罪，判处死刑，缓期二年执行，剥夺政治权利终身。

评 析

放火罪，是指故意放火焚烧公私财物，危害公共安全的行为。本罪侵犯的客体是公共安全，即不特定多数人的生命、健康或重大公私财产的安全。关于放火罪的认定，需要注意以下几点：

（1）放火的行为方式。放火既可以采用作为的方式实行，如用引燃物将目的物点燃，也可以采用不作为的方式实行，以不作为的方式实施的放火罪，行为人必须负有防止火灾发生的特定义务，而且能够履行这种特定义务而不履行，以致发生火灾。如负有防火义务的油库安全员，发现油库有着火的危险，能够采取防火措施而不采取，导致了油库火灾的发生，就构成不作为的放火罪。

（2）放火罪的既遂与未遂。根据《刑法》第 114 条规定，放火罪属于行为犯，即只要实施了放火行为，点着了目的物，引起目的物燃烧，使目的物有被焚毁的危险，即使由于意志以外的原因，目的物被焚毁，没有造成严重后果，也构成放火罪的既遂。

（3）放火罪与焚烧自己财物行为。从法律上讲，任何人对属于自己的财产都有处分权。包括将其毁坏，使其失去使用价值或者价值。但是，这种权利的性质是以不损害国家、集体和他人的利益为前提的。如果从放火焚烧自己财物的时间、地点、环境等方面考察，确实不足以危害公共安全的，就属于处分个人财产的范畴，不构成放火罪。反之，构成放火罪。

（4）放火罪与故意杀人、故意伤害罪的区别。如果行为人以放火为手段杀害或伤害特定的人，不足以危害公共安全的，只能构成故意杀人罪或故意伤害罪；如果行为人虽以放火为手段杀伤特定的人，但同时可能造成火灾危害公共安全的，应以放火罪论处。

案例3：干扰驾驶行为的认定

——郑某文以危险方法危害公共安全罪案

案 情

某日，被告人郑某文接受朋友宴请，席间饮酒。当晚7时许，郑某文乘坐客运车辆从某县某镇前往某城区，途中因车费支付问题多次辱骂、威胁驾驶员李某，并不顾同车多名乘客劝说，多次来到驾驶室旁干扰驾驶。当车行驶至G321国道（旧）1837KM+400M处时，郑某文对正在驾驶过程中的李某实施辱骂、推搡、掐脖等行为，致使车辆失控，撞上路边花坛和树木，造成车辆和花坛受损。最终法院判决被告人郑某文犯以危险方法危害公共安全罪，判处有期徒刑5年。

评 析

以危险方法危害公共安全罪，是指使用与放火、决水、爆炸、投放危险物质等危险性相当的其他危险方法，危害公共安全的行为。这是我国《刑法》分则十大类犯罪中危害公共安全类罪中的一个具体罪名，它与放火罪、爆炸罪、决水罪、投放危险物质罪罪名相并列，具有同质性、危害性、相当性。从概念的理解上来看：1. 本罪的危险方法是该罪名客观方面的概括性表述，它不是一个具体的方法，而是指放火、爆炸、决水、投放危险物质等危险方法以外的某一类危险方法的总称。2. 本罪的危险方法是指其与放火、爆炸、决水、投放危险物质等危险方法一样具有危害公共安全犯罪的性质，即同质性，且该罪的危害对象是不特定的社会公众。3. 本罪的危险方法是指具有社会危害性足以危害公共安全的行为。社会危害性是犯罪的显著特征之一，即与放火、爆炸、决水、投放危险物质等一样具有相当性的危险方法。所谓的相当性是指足以危害公共安全的程度相当。对于未达到足以危害公共安全犯罪程度的危险方法不能构成本罪。

以危险方法危害公共安全罪的构成要件包括以下几个方面：1. 本罪的犯罪客体是复杂客体，是国家对社会公共安全的管理秩序，这里的公共安全是指不特定多数人的生命、健康和重大公私财产的安全。犯罪对象是不特定的人或者公私财物。2. 本罪的犯罪客观方面表现为行为人故意使用与放火、决水、爆炸、投放危险物质等危险性相当的其他危险方法侵害不特定多数人的生命健康权或者重大公私财产权，危害公共安全的行为。3. 本罪的犯罪主体是已满16周岁并具有刑事责任能力的自然人。4. 本罪的犯罪主观方面是出于故意，即行为人明知所实施的以危险方法危害公共安全的行为会造成危害公共安全的后果，并且希望或者放任这种危害后果发生的心理态度。

本案中，被告人郑某文因车费支付问题，途中持续辱骂、干扰驾驶员，且对驾驶员实施推搡、掐脖等行为，致使正在行驶中的客车偏离方向撞到路边花坛，造成交通事故，危害客车内司乘人员和道路交通安全，其行为触犯刑律，已构成以危险方法危害公共安全罪，依法应当在 3 年以上 10 年以下有期徒刑幅度内处罚。被告人不顾其他乘客多次劝阻，对驾驶员实施推搡、掐脖等行为，致使夜间行驶中实际载客 10 人的客车偏离方向发生事故，产生车辆维修费和其他财物损失，应当从重处罚。被告人曾经遭受过刑事处罚，可酌情从重处罚。被告人郑某文到案后如实供述其犯罪事实，系坦白，可以从轻处罚。综合对被告人郑某文的犯罪事实、性质、情节、社会危害程度和认罪、悔罪态度进行考量，决定对被告人郑某文从重处罚。最终，法院判决被告人郑某文犯以危险方法危害公共安全罪，判处有期徒刑 5 年。

《刑法修正案（十一）》第 2 条规定，在《刑法》第 133 条之一后增加一条，作为第 133 条之二："对行驶中的公共交通工具的驾驶人员使用暴力或者抢控驾驶操纵装置，干扰公共交通工具正常行驶，危及公共安全的，处一年以下有期徒刑、拘役或者管制，并处或者单处罚金。前款规定的驾驶人员在行驶的公共交通工具上擅离职守，与他人互殴或者殴打他人，危及公共安全的，依照前款的规定处罚。有前两款行为，同时构成其他犯罪的，依照处罚较重的规定定罪处罚。"可见，在之后的类似案件中，符合构成要件的可以直接认定为危险驾驶罪。

二、破坏社会主义市场经济秩序罪

案例4：药品使用单位的人员销售假药行为之认定

——李某销售假药案

案情

被告人李某系医生，个体经营某村卫生所，负责该卫生所药品购买、使用、日常管理工作等。其在未认真审查供货单位合法资质证明文件的情况下，以每千克22元的价格购买中药饮片“土茯苓”5千克。后被告人李某在对上述药品依法应予检验而未经检验的情况下，将上述药品以每千克50元的价格分别销售给3名居民各500克，获赃款人民币75元。其间，被告人将上述药品约1000克免费提供给2人使用，剩余2500克药品被依法查获。经食品药品监督管理局认定，某村卫生所使用的中药饮片“土茯苓”，系假药。

法院认为，被告人李某作为药品使用单位的人员明知是假药而销售给他人，其行为已构成销售假药罪。被告人李某主动到案并如实供述了自己的犯罪事实，系自首，可以从轻处罚。判决被告人李某犯销售假药罪，判处拘役4个月，缓刑6个月，并处罚金人民币2000元。

评 析

《刑法修正案（十一）》第5条规定，《刑法》第141条增加“药品使用单位的人员明知是假药而提供给他人使用的，依照前款的规定处罚”条款，将药品使用单位人员明知是假药、劣药而提供给他人使用的行为纳入刑法。

理解本条，应厘清以下四个问题：

（1）关于“药品使用单位的人员”的理解。药品使用单位的人员不仅包括医院等医疗单位的人员，还包括药品生产企业、销售企业的人员。根据《医疗机构管理条例》第2条规定，医疗机构是指从事疾病诊断、治疗活动的医院、卫生院、疗养院、门诊部、诊所、卫生所（室）以及急救站等单位。个体行医者属于医疗机构人员，当然属于“药品使用单位的人员”的范畴。本案中，李某系个体医生，具有行医资格和执业许可证，在本村开设卫生室，其卫生室属于不具备法人资格的医疗机构，其本人属于该医疗机构的负责人员兼医务人员，符合销售假药罪的主体要件。

（2）关于“使用”的理解。尽管医疗机构“使用”药品的行为与纯粹以营利为目的的药品经销商的“销售”行为有所不同，但医疗机构使用药品的行为同样具有“销售”性质。医疗机构使用药品同时也将药品出售给患者，出售价格往往与药品进价存在差价，这种将药品给患者使用的行为实际上也是一种带有营利性质的“销售”行为。基于此，《刑法修正案（十一）》对于包括医疗机构在内的药品使用单位的人员使用假药构成犯罪的行为以销售假药罪进行定罪处罚。

（3）关于“明知”的理解。销售假药罪的主观方面为故意，即药品使用单位的人员明知或者应当知道其使用的是假药，而仍然在预防、诊断和治疗等医疗行为中使用，如果系出于过失，即不知道所使用的是假药，则不构成该罪。本案中，从犯罪事实来看，李某身为医疗机构负责人员和有多年医疗经验的医务人员，应当对药品管理制度有相当深入的了解，并且具备足够的药学知识，但其在未认真审查供货单位合法资质证明文件的情况下，购买中药饮片“土茯苓”5千克并出售给他人，对使用假药行为显然属于明知故犯，符合销售假药罪主观方面的要件。

（4）关于“假药”的理解。本案定案的基本证据是食品药品监督管理局认定某村卫生所使用的中药饮片“土茯苓”系假药。《药品管理法》第98条第2款规定：“有下列情形之一的，为假药：（一）药品所含成份与国家药品标准规定的成份不符；（二）以非药品冒充药品或者以他种药品冒充此种药品；（三）变质的药品；（四）药品所标明的适应症或者功能主治超出规定范围。”今后审理销售假药案件时，在认定“假药”问题上，应该严格遵循《药品管理法》对假药的定义，避免扩大解释。

案例5：出售、购买、运输假币罪的认定和处罚

——冯某、王某购买、运输假币数额特别巨大案

案 情

宋某（在逃）邀被告人冯某、王某等一起到广东运输假人民币，两被告人表示同意。宋某带领二人购买假币后分装在两蛇皮袋内。宋某单独离开后，两被告人携带两蛇皮袋假币在合徐高速公路蚌埠段仁和集出口处被公安人员查获，经清点其人民币面值共计金额3139910元。经中国人民银行鉴定，两被告人运输的均系假人民币。

法院认为，王某、冯某运输假币金额达3139910元，根据有关法律规定，运输假币总面额在20万元以上即构成犯罪数额特别巨大，依法应判处10年以上有期徒刑或者无期徒刑。被告人冯某、王某的行为构成运输假币罪，判决：被告人冯某犯运输假币罪，判处有期徒刑15年，并处罚金人民币30万元；被告人王某犯运输假币罪，判处有期徒刑15年，并处罚金人民币30万元。

评 析

出售、购买、运输假币罪是《刑法》第171条第1款规定

的三种犯罪。构成这三种犯罪必须具备以下几个条件：

（1）行为人在主观上出于故意。货币不是商品，不能出售是众所周知的常识，在现实生活中更不可能存在低于货币面值出售某一货币的情况。只有伪造的货币，才能有以低于货币面值出售或者购买的可能，因此，无论是出售者还是购买者，其主观上想牟取非法利益，发不义之财的目的不言自明。至于运输伪造的货币罪，行为人明知是伪造的货币而运输，在主观上也有故意。如果托运人并未向承运人如实告知所运货物的真实情况，因受蒙骗等原因不知道所运输的是伪造的货币的，不构成犯罪。

（2）行为人在客观上必须有出售、购买、运输伪造的货币的行为。出售伪造的货币，是指以营利为目的，以各种方式或途径，以一定的价格卖出伪造的货币的行为。购买伪造的货币，是指行为人以一定的价格用货币买入伪造的货币的行为。明知是伪造的货币而运输，是指行为人主观上明明知道是伪造的货币，而使用汽车、飞机、火车、轮船等交通工具或者以其他方式将伪造的货币从一地运往另外一地的行为。

（3）出售、购买、运输伪造的货币，必须达到数额较大，才构成犯罪。这是区分罪与非罪的一个重要界限。

根据《刑法》和《最高人民法院关于审理伪造货币等案件具体应用法律若干问题的解释》（法释〔2000〕26 号）第 3 条的规定，对于出售、购买、运输伪造货币罪的处罚，规定了三档刑：数额较大的，即总面额在4000元以上不满5万元的，处3年以下有期徒刑或者拘役，并处2万元以上20万元以下罚金；数额巨大的，即总面额在5万元以上不满20万元的，处3年以上10年以下有期徒刑，并处5万元以上50万元以下罚金；数额特别巨大的，即总面额在20万元以上的，处10年以上有期徒刑或者无期徒刑，并处5万元以上50万元以下罚金或者没收财产。

案例6：冒用他人信用卡，骗取财物数额较大的，构成信用卡诈骗罪

——刘某利用网络非法获取他人银行卡转账案

案　情

被告人刘某利用柯某等人在商业网站上公布的中国工商银行卡卡号及基本信息，非法获取柯某等人在中国工商银行网上银行的登录密码及网上划转密码后，进入中国工商银行网上银行，以柯某等人的名义通过网上银行的划转功能，先后将柯某等人的账户内共计12万余元划转至其使用伪造的身份证申请的账户内，据为已有。

法院认为，被告人刘某以非法占有为目的，冒用他人信用卡骗取钱财，数额巨大，其行为已构成信用卡诈骗罪，应予惩

处。鉴于被告人刘某能够坦白犯罪事实且在庭审中自愿认罪，可酌予从轻处罚。判处被告人刘某有期徒刑7年，剥夺政治权利1年，并处罚金人民币10万元。

评析

信用卡诈骗罪是指以非法占有为目的，违反信用卡管理法规，利用信用卡进行诈骗活动，骗取财物数额较大的行为。信用卡诈骗数额以实际的刷卡数额计算。诈骗数额在5000元以上的，属于“数额较大”。信用卡诈骗罪具体表现行为有：①使用伪造的信用卡，或者使用以虚假的身份证明骗领的信用卡；②使用作废的信用卡；③冒用他人信用卡；④恶意透支。恶意透支，是指持卡人以非法占有为目的，超过规定限额或者规定期限透支，并且经发卡银行催收后仍不归还的行为。关于信用卡诈骗罪，还需要注意以下几个问题：

（1）构成冒用他人信用卡进行诈骗犯罪的行为人主观上必须具备骗取他人财物的目的。只有主观上具备诈骗的故意，客观上有冒用他人信用卡的行为，才能构成本罪。实践中有的信用卡持有人将自己的信用卡借给他人使用，如借给自己的亲属、朋友等。在表现形式上使用人也是在冒用他人的信用卡，但使用人冒用他人信用卡的行为是经持卡人同意的，不构成信用卡诈骗罪。

（2）善意透支与恶意透支的区别。善意透支与恶意透支的本质区别就在于行为人具有不同的主观故意。二者在客观表现上虽然都造成了透支，但前者的行为人是为了先用后还，届时归还透支款和利息；而后者的行为人是为了将透支款占为己有，根本不想偿还或者没有能力偿还，因此必然表现出千方百计地逃避有关部门催款的行为，甚至采取潜逃的方法躲避债务。

（3）盗窃信用卡并使用的，依照《刑法》第 264 条关于盗窃罪的规定定罪处罚。盗窃数额根据行为人盗窃信用卡后使用的数额认定。这里的信用卡仅限于他人真实有效的信用卡，如果盗窃伪造、作废或者以虚假的身份证明骗领的信用卡并使用的，应认定为信用卡诈骗罪；盗窃了他人真实有效的信用卡但并不使用的行为，不成立盗窃罪。

本案中，被告人刘某以非法占有为目的，冒用他人信用卡骗取钱财，且数额巨大，符合信用卡诈骗罪的构成要件，构成信用卡诈骗罪。根据我国《刑法》第 67 条第 3 款的规定，犯罪嫌疑人虽不具有前两款规定的自首情节，但是如实供述自己罪行的，可以从轻处罚；因其如实供述自己罪行，避免特别严重后果发生的，可以减轻处罚。最终法院判决刘某构成信用卡诈骗罪，可酌予从轻处罚。

三、侵犯公民人身权利、民主权利罪

案例7：特殊职责人员与已满14周岁的未成年女性发生性关系的定罪量刑

——朱某某强奸案

案 情

被告人朱某某在其亲生女儿朱某甲（未满14周岁）不知反抗的情况下，强行与其发生性关系十余次。经鉴定，被害人朱某甲患轻度精神发育迟滞，案发时无（性）自我防卫能力。

检察院认为被告人朱某某构成强奸罪，向法院提起公诉。法院认为，被告人朱某某先后十余次与精神发育迟滞的被害人朱某甲强行发生性关系，情节恶劣，其行为已构成强奸罪。判决被告人朱某某犯强奸罪，判处有期徒刑10年6个月。

评 析

《刑法修正案（十一）》第27条规定，在《刑法》第236条后增加一条，作为第236条之一："对已满十四周岁不满十六周岁的未成年女性负有监护、收养、看护、教育、医疗等特殊职责的人员，与该未成年女性发生性关系的，处三年以下有期徒刑；情节恶劣的，处三年以上十年以下有期徒刑。有前款行为，同时又构成本法第二百三十六条规定之罪的，依照处罚较重的规定定罪处罚。”

理解本条，应注意以下三点：

（1）对与不满 14 周岁的幼女发生性关系的，不论该幼女是否同意，均以强奸论。当被害人允许行为人侵害自己可支配的权益时，将发生阻却行为人违法的效果。其构成要件包括：①被害人对承诺受侵害的法益具有处分权限。一般认为，性自主权利可以处分。②被害人具有承诺能力，因此精神病患者、未成年人的承诺无效。③被害人承诺要基于真实意思表示。本案中，经司法鉴定得知，朱某甲智力低下，对其自身所受的性侵害及其后果缺乏实质性辨认能力。虽然性自主权利可以承诺，但无论是从幼女的角度，还是从精神病患者的角度来看，案发时朱某甲都不具有承诺能力。

（2）对与已满 14 周岁的未成年女性发生性关系的特殊职责人员，无论该未成年女性是否同意，均应以强奸论。

（3）与《民法典》第 36 条、第 38 条的衔接问题。《民法典》第 36 条第 1 项规定，监护人实施了严重损害被监护人身心健康的行为时，撤销其监护人资格。实践中，监护人对被监护人实施性侵行为的，应当被认定为严重损害被监护人身心健康，不仅要追究其刑事责任，还应当根据《民法典》第 36 条撤销其监护人资格，个人或者组织未及时申请撤销的，民政部门应当向法院申请。《民法典》第 38 条规定了恢复监护人资格的条件，同时规定了监护人对被监护人实施故意犯罪的，监护人资格被撤销后不得恢复，因此，监护人对被监护人实施性侵行为并被追究刑事责任的，刑满释放后其监护人资格不得恢复。

本案中，被告人朱某某与被害人朱某甲系父女关系，朱某某系对朱某甲负有特殊监护职责的人员，其在朱某甲智力低下、对其自身所受的性侵害及其后果缺乏实质性辨认能力的情况下，诱骗朱某甲与其发生性关系，应当以强奸罪定罪论处，同时民政部门应当向法院申请撤销朱某某的监护人资格，法院应当裁定撤销朱某某的监护人资格，并不得恢复。

案例 8：故意伤害他人身体的，构成故意伤害罪

——付某故意伤害他人被定罪案

案 情

被告人付某驾驶摩托车找寻其女朋友黄某，途中看见男青年肖某搭着黄某的肩膀走在路上。被告人付某遂下车殴打肖某，并捡起地上的石块将肖某的头部击伤。肖某逃跑，被告人付某驾驶摩托车追赶并将肖某撞倒在地，付某随即被旁边的群

众抓获。经法医鉴定，肖某属于轻伤。

法院判决认定被告人付某的行为已构成故意伤害罪，判处付某有期徒刑1年6个月。

评 析

我国《刑法》规定的故意伤害罪，是指故意非法损害他人身体健康的行为。故意伤害的方法有很多，行为人采用什么方法不影响本罪的构成。认定故意伤害罪在实践中应当注意以下几个问题：

（1）分清故意伤害罪与故意杀人罪的界限。两罪的主要区别在于是否以非法剥夺他人生命为故意，如果行为人没有非法剥夺他人生命的故意，而只有伤害他人身体健康的故意，即使行为导致了他人的死亡，也只能定故意伤害罪；如果行为人有非法剥夺他人生命的故意，即使其行为没有造成他人死亡的结果，也构成故意杀人罪（未遂）。

（2）分清故意伤害罪与过失致人重伤罪的界限。过失致人重伤罪在主观上是过失的，而且法律要求必须造成他人重伤的结果才能构成犯罪，而故意伤害罪在主观上是故意的，即使致人轻伤，也构成故意伤害罪。

（3）故意伤害他人身体的，不一定都认定为故意伤害罪。《刑法》规定的其他犯罪中也有故意伤害他人身体的情况，如《刑法》关于强奸妇女致人重伤或者死亡和抢劫致人重伤、死亡的规定等，这些都属于《刑法》的特殊规定。根据特别规定优于一般规定的原则，《刑法》有特别规定的，一律适用特别规定。

《刑法》对故意伤害罪规定了三个处罚档次：

（1）对故意伤害他人身体的，处 3 年以下有期徒刑、拘役或者管制。

（2）对故意伤害他人致人重伤的，处 3 年以上 10 年以下有期徒刑。这里所说的重伤，依照《刑法》第 95 条的规定，是指有下列情形之一的：①使人肢体残废或者毁人容貌的；②使人丧失听觉、视觉或者其他器官机能的；③其他对于人身健康有重大伤害的。

（3）对故意伤害他人致人死亡，或者以特别残忍手段致人重伤造成严重残疾的，处 10 年以上有期徒刑、无期徒刑或者死刑。特别残忍手段，是指故意造成他人严重残疾而采用毁容、挖人眼睛、砍掉人双脚等特别残忍的手段伤害他人的行为。

本案中，被告人付某殴打肖某，并在其逃跑后驾驶摩托车撞倒肖某，该行为致肖某轻伤，符合故意伤害罪的构成要件，构成故意伤害罪，应当在故意伤害罪的第一档量刑标准中量刑，最终法院判处付某有期徒刑 1 年 6 个月。

案例9：非法剥夺他人人身自由的，构成非法拘禁罪

——于某等拘禁他人参加传销活动案

案情

于某、张某、胡某三被告人相继被他人介绍到本市参加非法传销活动。之后，被告人于某以其玉器店开业，需要帮忙为由，将同学赵某骗到某市。于某将赵某介绍给被告人张某、胡某，并指使张某、胡某等人对赵某进行看管。当赵某得知是参加传销活动时，即提出要离开。被告人张某、胡某以白天陪其聊天、打牌、听传销课，夜晚将房门锁上的手段，不准赵某离开。其间，被害人赵某趁被告人一伙不备，向外求救，后公安机关赶到三被告人租住的传销窝点，将赵某解救，依法将三被告人抓获。

法院认为，被告人于某、张某、胡某伙同非法剥夺他人人身自由，其行为均已构成非法拘禁罪。被告人于某在共同犯罪中起主要作用，是主犯；被告人张某、胡某仅受被告人于某指使，在本案中起次要作用，是从犯。依法对从犯从轻处罚。判决：被告人于某犯非法拘禁罪，判处有期徒刑1年；被告人张某犯非法拘禁罪，判处有期徒刑6个月；被告人胡某犯非法拘禁罪，判处有期徒刑6个月。

评 析

本案涉及以下两个问题：

（1）非法拘禁罪的认定。非法拘禁罪，是指以拘押、禁闭或者其他强制方法，非法剥夺他人人身自由的行为。在非法拘禁罪的认定中，要注意以下几点：①非法剥夺人身自由是一种持续行为，即该行为在一定时间内处于持续状态，使他人在一定时间内失去身体自由，不具有间断性。时间持续的长短不影响本罪的成立，只影响量刑。但时间过短、瞬间性地剥夺人身自由的行为，则难以认定成立本罪。②绑架罪与非法拘禁罪的区别主要在于，绑架罪的构成不仅要求有非法剥夺人身自由的行为，而且要求有勒索财物或满足行为人不法要求的目的以及与此相应的勒索财物或提出不法要求的实行行为。而非法拘禁罪仅要求行为人具有剥夺他人人身自由的行为。为索取债务而非法扣押、拘禁他人的，依照非法拘禁罪定罪处罚。③在非法拘禁过程中，行为人对被害人进行暴力加害，或者行为人用非法拘禁方法故意使被害人因冻饿等原因而受伤、死亡的，依照故意伤害罪、故意杀人罪定罪处罚。

（2）主犯和从犯。主犯是指组织、领导犯罪集团进行犯罪活动或者在共同犯罪中起主要作用的犯罪分子。从犯是指在共同犯罪中起次要或者辅助作用的犯罪分子。主犯和从犯所受的处罚是不同的。根据《刑法》第 26 条、第 27 条规定，对组织、领导犯罪集团的首要分子，按照集团所犯的全部罪行处罚；对于组织、领导犯罪集团的首要分子以外的主犯，应当按照其所参与的或者组织、指挥的全部犯罪处罚。对于从犯，应当从轻、减轻处罚或者免除处罚。

案例10：以出卖为目的，拐骗儿童的，构成拐卖儿童罪

——郭某采用诱骗的手段拐卖儿童案

案 情

被告人郭某因经济困难，产生拐卖儿童的念头，便找到汤某，谎称本村有户人家离了婚，家中困难，想给小女孩找户好人家领养。汤某为了赚取介绍费，便帮助打听，后得知该村村民李某家需领养小孩，便电话联系郭某。之后，被告人郭某在本村路口采用诱骗手段，将村民郭甲的孙女郭乙（时年5周岁）骗到汤某家中，与汤某、领养人李某见面，郭某谎称郭乙的亲属要将郭乙送养出去，并且郭某向李某出具了郭乙的有关证明。李某付给汤某领养费9000元，并将郭乙领走。事后，汤某给郭某领养费5000元。不久，郭乙被解救回家。

法院认为被告人郭某以出卖为目的，采用诱骗的手段，拐卖儿童一人，其行为已构成拐卖儿童罪。判处被告人郭某有期徒刑7年，并处罚金人民币9000元。

评 析

拐卖妇女、儿童罪是指以出卖为目的，拐骗、绑架、收买、贩卖、接送、中转妇女、儿童的行为。拐骗，是指以欺骗、利诱等非暴力手段将妇女、儿童拐走，以便出卖的行为。绑架，是指以暴力、胁迫或者麻醉方法劫持、控制妇女、儿童的行为。收买，是指以金钱或者其他财物买取、换取妇女、儿童的行为。贩卖，是指将妇女、儿童当作商品出售给他人以获取非法利益的行为。接送，是指行为人在拐卖妇女、儿童过程中的接收、运送的行为。中转，是指为拐卖妇女、儿童的罪犯提供中途场所或机会。行为人只要实施上述六种行为之一的，就构成本罪，同时实施两种或两种以上行为的，亦构成一罪，而不实行数罪并罚。

拐卖妇女、儿童罪在主观方面表现为直接故意，而且行为人主观上具有出卖的目的。只要行为人以出卖为目的实施了拐骗、绑架、收买、贩卖、接送、中转被拐妇女、儿童行为之一的，即构成拐卖妇女、儿童罪。至于是否卖出，即犯罪目的是否实现不影响本罪的成立。但是，如果行为人实施上述行为并不是以出卖为目的，例如，是为了奸淫、收养、奴役、强迫卖淫等，则可能构成其他犯罪，不构成本罪。

根据《刑法》第 240 条规定，拐卖妇女、儿童的，处 5 年以上 10 年以下有期徒刑，并处罚金；有下列情形之一的，处

10 年以上有期徒刑或者无期徒刑，并处罚金或者没收财产；情节特别严重的，处死刑，并处没收财产：①拐卖妇女、儿童集团的首要分子；②拐卖妇女、儿童三人以上的；③奸淫被拐卖的妇女的；④诱骗、强迫被拐卖的妇女卖淫或者将被拐卖的妇女卖给他人迫使其卖淫的；⑤以出卖为目的，使用暴力、胁迫或者麻醉方法绑架妇女、儿童的；⑥以出卖为目的，偷盗婴幼儿的；⑦造成被拐卖的妇女、儿童或者其亲属重伤、死亡或者其他严重后果的；⑧将妇女、儿童卖往境外的。

四、侵犯财产罪

案例 11：盗窃公私财物，数额较大的，构成盗窃罪

——雷某盗窃他人财物从重处罚案

案 情

被告人雷某伙同唐某（另案处理）见被害人罗某将小客车没熄火就停放在某广告公司门前，遂起歹念将该车偷走，开往东莞销赃。经鉴定，该车价值人民币 52540 元。

法院审理认为，被告人雷某以非法占有为目的，结伙秘密窃取他人财物，价值人民币 52540 元，数额巨大，其行为已触犯刑律，构成盗窃罪，依法应当承担相应的刑事责任。被告人

雷某在有期徒刑执行完毕后5年内再犯应当判处有期徒刑以上刑罚之罪，是累犯，应依法予以从重处罚。被告人雷某在法庭上自愿认罪，可酌情对其从轻处罚。判决被告人雷某犯盗窃罪，判处有期徒刑7年，并处罚金人民币7000元。

评 析

本案涉及以下两个法律问题：

（1）盗窃罪的认定。盗窃罪是指以非法占有为目的，窃取他人占有的数额较大的财物，或者多次盗窃、入户盗窃、携带凶器盗窃、扒窃的行为。窃取是一种通过平和方式将他人占有的财物转移为自己或第三人占有的过程，如果手段中含有暴力成分，就不能定盗窃罪。根据《最高人民法院、最高人民检察院关于办理盗窃刑事案件适用法律若干问题的解释》第7条规定，盗窃公私财物数额较大，行为人认罪、悔罪，退赃、退赔，且具有下列情形之一，情节轻微的，可以不起诉或者免予刑事处罚；必要时，由有关部门予以行政处罚：①具有法定从宽处罚情节的；②没有参加分赃或者获赃较少且不是主犯的；③被害人谅解的；④其他情节轻微、危害不大的。其中法定从宽处罚情节包括已满14周岁不满18周岁的人、已满75周岁的人、尚未完全丧失辨认或者控制自己行为能力的精神病人、又聋又哑的人或者盲人作案等情节。

《刑法》第264条对盗窃罪规定了三档量刑幅度：盗窃公

私财物，数额较大的，或者多次盗窃、入户盗窃、携带凶器盗窃、扒窃的，处3年以下有期徒刑、拘役或者管制，并处或者单处罚金；数额巨大或者有其他严重情节的，处3年以上10年以下有期徒刑，并处罚金；数额特别巨大或者有其他特别严重情节的，处10年以上有期徒刑或者无期徒刑，并处罚金或者没收财产。

（2）累犯。累犯是指因犯罪受过一定的刑事处罚，在刑罚执行完毕或者赦免以后，在法定期限内又犯一定之罪的犯罪人。根据《刑法》第65条、第66条的规定，累犯可分为一般累犯和特别累犯。一般累犯，是指被判处有期徒刑以上刑罚的犯罪分子，刑罚执行完毕或者赦免以后，在5年以内再犯应当判处有期徒刑以上刑罚之罪的犯罪分子，但是过失犯罪和不满18周岁的人犯罪的除外。特别累犯，是指危害国家安全犯罪、恐怖活动犯罪、黑社会性质的组织犯罪的犯罪分子，在刑罚执行完毕或者赦免以后，在任何时候再犯上述任一类罪的犯罪分子。对于累犯，应当从重处罚。

案例12：未成年人抢劫案

——董某某、宋某某抢劫案

案 情

被告人董某某、宋某某（时年17周岁）迷恋网络游戏，平时经常结伴到网吧上网，时常彻夜不归。某日，因在网吧上网的网费用完，二被告人即伙同王某（作案时未达到刑事责任年龄）到某社区健身器材处，持刀对被害人张某某和王某某实施抢劫，抢走张某某5元现金及手机一部。后将所抢的手机卖掉，所得赃款用于上网。

法院认定被告人董某某、宋某某犯抢劫罪，分别判处有期徒刑2年6个月，缓刑3年，并处罚金人民币1000元。同时禁止董某某和宋某某在36个月内进入网吧、游戏机房等场所。

评 析

抢夺罪，是指以非法占有为目的，乘人不备，公然夺取数额较大的公私财物的行为。其行为特点之一是公然夺取，即犯罪嫌疑人当着公私财物持有者的面，乘其不备，公开夺取其财物的行为，公然夺取是抢夺罪区别于盗窃罪的秘密窃取的一个重要标志。其行为特点之二是强力行为，因为不实施强力夺取，就不能实现财物的非法转移。但必须以不使用暴力或以暴力相胁迫的手段为前提。这是抢夺罪区别于抢劫罪的显著标志。需要注意的是，抢夺的情节也是认定是否构成犯罪的依据之一，如果数额不大，情节轻微的，不构成抢夺罪。例如，有的下岗职工因生活无着落，偶尔抢夺少量的猪肉、大米等物品，可以进行批评教育，或给予行政处罚。实施抢夺公私财物行为，同时造成被害人重伤、死亡等后果，构成过失致人重伤罪、过失致人死亡罪等犯罪的，依照处罚较重的规定定罪处罚。

关于未成年人犯罪的问题，根据我国《刑法》第 17 条的规定，已满 16 周岁的人犯罪，应当负刑事责任。已满 14 周岁不满 16 周岁的人，犯故意杀人、故意伤害致人重伤或者死亡、强奸、抢劫、贩卖毒品、放火、爆炸、投放危险物质罪的，应当负刑事责任。已满 12 周岁不满 14 周岁的人，犯故意杀人、故意伤害罪，致人死亡或者以特别残忍手段致人重伤造成严重残疾，情节恶劣，经最高人民检察院核准追诉的，应当负刑事责任。对依照前三款规定追究刑事责任的不满 18 周岁的人，应当从轻或者减轻处罚。因不满 16 周岁不予刑事处罚的，责令其父母或者其他监护人加以管教；在必要的时候，依法进行专门矫治教育。可见，已满 14 周岁的未成年人可以作为抢劫罪的犯罪主体。

本案中，被告人董某某、宋某某以非法占有为目的，以暴力威胁方法劫取他人财物，其行为均已构成抢劫罪。鉴于董某某、宋某某系持刀抢劫；犯罪时不满18周岁，且均为初犯，到案后认罪悔罪态度较好，宋某某还是在校学生，符合缓刑条件，决定分别判处二被告人有期徒刑2年6个月，缓刑3年。考虑到被告人主要是因上网吧需要网费而诱发了抢劫犯罪；二被告人长期迷恋网络游戏，网吧等场所与其犯罪有密切联系；如果将被告人与引发其犯罪的场所相隔离，有利于家长和社区在缓刑期间对其进行有效管教，预防再次犯罪；被告人犯罪时不满18周岁，平时自我控制能力较差，对其适用禁止令的期限确定为与缓刑考验期相同的3年，有利于其改过自新。因此，法院判决禁止二被告人在缓刑考验期内进入网吧等特定场所。

案例13：故意毁坏财物罪的认定与处罚

——黄某故意毁坏财物案

案 情

被告人黄某因家庭矛盾纠纷，产生报复心理，于某日晚9时许，趁两个女儿睡着，又无其他人之际，用斧子先后将家中其弟刘某的屋门锁和其公婆的客厅屋门锁撬开，用食用油倒在屋内床上的床单上，然后用打火机将床单点燃，致使刘某屋和其公婆屋着火，后火势又将院内一间厨房和一间石棉瓦房引燃，黄某没有救火，离开现场，造成其公婆和其弟刘某的住室及院内一间厨房和一间石棉瓦房内财物全部烧毁。被烧毁物品经鉴定价值8377元；被烧毁房屋经鉴定价值20500元；另烧毁的还有现金3500元，总共损失价值32377元。

法院认为，被告人黄某因家庭矛盾，不计后果故意毁坏他人财物，数额巨大，其行为已构成故意毁坏财物罪。犯罪事实清楚，证据确实充分。被告人认罪态度较好，可酌情从轻处罚。依法判决被告人黄某犯故意毁坏财物罪，判处有期徒刑4年。

评 析

故意毁坏财物罪，是指故意毁灭或者损坏公私财物，数额较大或者有其他严重情节的行为。

（1）本罪与非罪的界限。按照《刑法》第275条规定，故意毁坏公私财物数额较大或者情节严重的，才构成犯罪。因此，是否数额较大或者情节严重，是区分罪与非罪的界限。故意毁坏公私财物，数额较小、情节较轻的，属一般违法行为，应按照《治安管理处罚法》的规定，给予拘留或警告，单处或并处罚款，责令赔偿损失。所谓“情节严重”，一般是指毁灭或损坏重要物品，损失严重的；毁灭或损坏公私财物的手段特别恶劣的；出于嫁祸于人的动机等。

（2）本罪与其他犯罪的区别。本罪与破坏交通工具罪、破坏交通设备罪、破坏易燃易爆设备罪、破坏通信设备罪等危害公共安全罪以及破坏社会主义经济秩序犯罪中的破坏生产经营罪的区别在于：后者破坏的是特定的财产，侵犯的是其他独立客体，《刑法》对其已单独规定罪名，应按《刑法》有关规定定罪处罚。

（3）根据《刑法》第275条规定，故意毁坏公私财物，数额较大或者有其他严重情节的，处3年以下有期徒刑、拘役或者罚金；数额巨大或者有其他特别严重情节的，处3年以上7年以下有期徒刑。

五、妨害社会管理秩序罪

案例14：暴力袭警行为的定罪量刑

——林某妨害公务案

案情

被告人林某酒后至某酒店住宿，与酒店工作人员发生争吵，酒店大堂经理见无法处理随即打电话给酒店执勤民警，执勤民警况某了解情况后劝导被告人到其他酒店入住，被告人因醉酒拒不配合并推搡民警况某，随即将其抱摔至地上，并试图继续攻击，在酒店工作人员和保安的阻拦下才将被告人和民警况某分开。民警况某请求110增援后要求被告人配合执法，被告人仍拒不配合并抢走警棍试图攻击，多次警告无效后，民警况某在酒店工作人员及保安的协助下制服了被告人，并同增援巡警将其带至派出所。经司法鉴定中心鉴定，民警况某的身体损伤程度为轻微伤。

法院认为，被告人林某的行为属于暴力袭击正在执行职务的人民警察，依法应从重处罚，不宜适用缓刑。其行为已触犯刑律，构成妨害公务罪。被告人到案后如实供述犯罪事实，属于坦白，依法可以从轻处罚。被告人林某已取得被害人的谅解，酌情从轻处罚。判决被告人林某犯妨害公务罪，判处拘役5个月。

评析

《刑法修正案（十一）》第31条规定，将《刑法》第277条第5款修改为："暴力袭击正在依法执行职务的人民警察的，处三年以下有期徒刑、拘役或者管制；使用枪支、管制刀具，或者以驾驶机动车撞击等手段，严重危及其人身安全的，处三年以上七年以下有期徒刑。"首次对袭警单独设置法定刑。认定袭警罪，应注意以下问题：（1）妨害公务罪与袭警罪的区分。法律对行为人的客观行为表述不同，妨害公务罪是"以暴力、威胁方法阻碍"，而袭警罪是"暴力袭击"，"暴力袭击"

排除了以威胁和一般暴力形式阻碍人民警察执行公务的行为，只有同时符合暴力和袭击的行为，才能以袭警罪惩处。而针对以威胁和一般暴力形式阻碍人民警察执行公务的行为，仍以妨害公务罪定罪处罚。（2）袭警罪与故意杀人罪、故意伤害罪的犯罪竞合关系。在袭击警察过程中实施杀害或者伤害行为，依照从一重罪的原则，定故意伤害罪或故意杀人罪。因此，不能将袭警行为等同于一般的故意伤害行为，不能仅以造成民警身体伤害作为构成犯罪的标准，要综合考虑袭警行为的手段、方式以及对执行职务的影响程度等因素。（3）袭警违法犯罪行为不适用刑事和解和治安调解。对于构成犯罪，但具有初犯、偶犯、给予民事赔偿并取得被害人谅解等情节的，应当从严把握从宽幅度。对犯罪性质和危害后果特别严重、犯罪手段特别残忍、社会影响特别恶劣的犯罪分子，虽具有上述酌定从宽情节但不足以从轻处罚的，不予从宽处罚。

案例15：聚众斗殴，致人重伤的，按故意伤害罪定罪处罚

——李某聚众斗殴故意伤害致人死亡案

案情

李甲（已判刑）酒后到王某（已判刑）开办的商店购物，因言语问题同王某发生摩擦，王某对李甲拳打脚踢。李甲以自

已被打为由，扬言要砸王某的商店，向李某打电话并告知情况。被告人李某得知李甲被打后，便纠集杨某（已判刑）等60余人，分乘10余辆车携带砍刀、匕首等前往王某商店。随后在李某的指挥下，其所纠集的人员与王某所纠集的人员聚众持械斗殴。在打斗中，王某一方的赵某等人受伤。其中，赵某被送往医院经抢救无效后死亡。经鉴定赵某系被他人用单刃刺器刺破门静脉、肝脏，造成失血性休克而死亡，其余为轻伤。

后被告人李某到马村公安分局主动投案，供述了案件事实；并检举赵某等人涉嫌盗窃价值1万余元的财物一案，经公安机关查证属实。

法院认为，被告人李某组织多人参与持械聚众斗殴，且在斗殴中伤害他人身体造成一人死亡、三人轻伤的后果，其行为已构成故意伤害罪。被告人李某在聚众斗殴共同犯罪中起组织、策划、指挥作用，是主犯，是首要分子，应当对其所参与的全部犯罪承担责任。被告人李某能主动投案并如实供述自己的犯罪行为应属自首，有揭发他人犯罪行为且经查证属实为立功，可从轻处罚。被告人李某能主动赔偿被害人的经济损失，量刑时亦可酌情从轻考虑。判决被告人李某犯故意伤害罪，判处有期徒刑10年。

评 析

聚众斗殴罪，是指为了报复他人、争霸一方或者其他不正当目的，纠集众人成帮结伙地互相进行殴斗，破坏公共秩序的行为。犯罪的动机，一般不是完全为了某种个人的利害冲突，也不是单纯为了取得某种物质利益，而是公然藐视国家的法纪和社会公德，企图通过实施聚众斗殴活动来寻求刺激或者追求某种卑鄙欲念的满足。关于聚众斗殴罪的处罚，根据《刑法》第 292 条第 1 款规定，聚众斗殴的，对首要分子和其他积极参加的，处 3 年以下有期徒刑、拘役或者管制；有下列情形之一的，对首要分子和其他积极参加的，处 3 年以上 10 年以下有期徒刑：①多次聚众斗殴的；②聚众斗殴人数多，规模大，社会影响恶劣的；③在公共场所或者交通要道聚众斗殴，造成社会秩序严重混乱的；④持械聚众斗殴的。

本案涉及的是聚众斗殴罪的转化。《刑法》第 292 条第 2 款明确规定，聚众斗殴，致人重伤、死亡的，依照本法第 234 条故意伤害罪、第 232 条故意杀人罪的规定定罪处罚。本案属于由于犯罪结果而形成的法条竞合。本案在定性上存在故意杀人和故意伤害之争，从案情看，李某并不具备追求杀人的主观目的。另外，就被害人赵某的死因而言，经鉴定其系他人用单刃刺器刺破门静脉、肝脏，造成失血性休克而死。本案参与人数众多，现场严重混乱，也涉及抢救时机的问题。赵某的死因并非一刀毙命，假如抢救及时，死亡后果也非必然。被告的行为符合故意伤害罪的主客观构成。

案例16：催收追讨高利贷欠款是否构成寻衅滋事

——向某寻衅滋事案

案情

2016年年初，被告人向某等人筹集资金向他人放高利贷。2017年9月，被告人向某以30%提成为报酬，雇请胡某某（另案处理）帮忙收账，胡某某先后邀约被告人陈某某、章某、陈甲某和覃某某（在逃）、薛某、谢某（均已判决）等人组成收账团伙。被告人丁某也雇请被告人谌某某帮忙收账，谌某某又先后邀约被告人毛某某和周某某、陈乙某（均另案处理）组成收账团伙。至此，众人组成了以向某为首的高利贷犯罪集团。该犯罪集团采取拦截、跟守、威胁等非法手段，向他人追讨高利贷欠款，严重扰乱社会管理秩序。

法院认为，被告人向某无视社会管理秩序，组织、指挥其雇请人员多次威胁、恐吓他人，严重影响他人生活、生产，影响恶劣；任意损毁他人财物，情节严重，其行为已构成寻衅滋事罪。

评析

寻衅滋事罪，是指肆意挑衅，随意殴打、骚扰他人或任意损毁、占用公私财物，或者在公共场所起哄闹事，严重破坏社会秩序的行为。根据《刑法》第 293 条规定，寻衅滋事罪的客观表现形式包括四种：①随意殴打他人，情节恶劣的；②追逐、拦截、辱骂、恐吓他人，情节恶劣的；③强拿硬要或者任意损毁、占用公私财物，情节严重的；④在公共场所起哄闹事，造成公共场所秩序严重混乱的。

寻衅滋事罪，必须是行为情节恶劣、情节严重或者造成公共场所秩序严重混乱的，才构成犯罪。对于情节轻微、危害不大的寻衅滋事行为，只能以一般违法行为论处。

根据《刑法》第 293 条规定，犯寻衅滋事罪的，处 5 年以下有期徒刑、拘役或者管制；纠集他人多次实施寻衅滋事行为，严重破坏社会秩序的，处 5 年以上 10 年以下有期徒刑，可以并处罚金。

根据《刑法修正案（十一）》第 34 条规定，在《刑法》第 293 条后增加一条，作为第 293 条之一："有下列情形之一，催收高利放贷等产生的非法债务，情节严重的，处三年以下有期徒刑、拘役或者管制，并处或者单处罚金：（一）使用暴力、胁迫方法的；（二）限制他人人身自由或者侵入他人住宅的；（三）恐吓、跟踪、骚扰他人的。"刑法修正案对于催收高利贷的行为作了更加明确的规定，可见，本案中向某等人的行为构成寻衅滋事罪。

六、贪污贿赂罪

案例17：为谋取不正当利益，给国家工作人员以财物的，构成行贿罪

——郭某向国家工作人员行贿被判行贿罪案

案 情

被告人郭某在承建某高中建筑工程过程中，为谋取不正当利益，在经济往来中，违反国家规定，向该校总务处原副主任张某（已被刑处）行贿5次，共计人民币7万元。被告人郭某在被追诉前主动向人民检察院交代了向张某行贿的犯罪行为。

法院审理认为，被告人郭某为谋取不正当利益，在经济往来中，违反国家规定，给予国家工作人员钱财，其行为已触犯刑律，构成行贿罪。鉴于郭某在被公诉机关追诉之前主动交代了向张某行贿的犯罪行为，对其予以减轻处罚。遂判决被告人郭某犯行贿罪，判处管制1年。

评 析

行贿罪，是指为谋取不正当利益，给国家工作人员以财物

的行为。

行贿罪的构成要件如下：①本罪侵犯的客体是国家工作人员公务行为的廉洁性。②本罪在客观方面表现为行为人给予国家工作人员以财物的行为。与受贿的形式相对应，行贿也分为两种情形：一是行为人主动给予受贿人以财物。在这种情况下，无论行为人意图谋取的不正当利益是否实现，均不影响行贿罪的成立。二是行为人因国家工作人员索要而被动给予其财物。在这种情况下，如果行为人没有获得不正当利益的，不构成行贿罪。此外，根据《刑法》第389条第2款之规定，在经济往来中，违反国家规定，给予国家工作人员以财物，数额较大的，或者违反国家规定，给予国家工作人员以各种名义的回扣、手续费的，也应以行贿论处。③本罪的主体是一般主体。④行贿罪在主观方面表现为故意，并且具有谋取不正当利益的犯罪目的。

认定行贿罪，应注意以下两个问题：

（1）行贿罪与馈赠礼物的界限。其关键还是看行为人在给予国家工作人员礼物时，主观上是否有利用国家工作人员职务上的便利，为自己谋取不正当利益的犯罪目的。

（2）行贿罪与对公司、企业人员行贿罪的界限。两者的区别主要在于：①犯罪主体不同。行贿罪只能由自然人实施；而对公司、企业人员行贿罪则既可以由自然人实施，也可以由单位实施。②犯罪客体和对象不同。行贿罪侵犯的客体是公务行为的廉洁性，犯罪对象只限于国家工作人员；而对公司、企业人员行贿罪侵犯的客体主要是公司、企业的管理秩序，犯罪对象只能是公司、企业中除国家工作人员以外的工作人员。

根据《刑法》第390条规定，对犯行贿罪的，处5年以下有期徒刑或者拘役，并处罚金；因行贿谋取不正当利益，情节严重的，或者使国家利益遭受重大损失的，处5年以上10年以下有期徒刑，并处罚金；情节特别严重的，或者使国家利益遭受特别重大损失的，处10年以上有期徒刑或者无期徒刑，并处罚金或者没收财产。行贿人在被追诉前主动交代行贿行为的，可以从轻或者减轻处罚。其中，犯罪较轻的，对侦破重大案件起关键作用的，或者有重大立功表现的，可以减轻或者免除处罚。

程序法篇

不同社会主体之间因利益冲突而引起的争议和纠纷可能以多种方式解决，如当事人自行解决即和解，或者经由第三方调解或者仲裁，或者向法院提起诉讼。在这些纠纷解决方式中，显然诉讼是一种强有力的公力救济方式，国家权力的使用以及对诉讼结果的确认，往往使诉讼成为一种合法的、最有效的从而也是最终的冲突解决手段。虽然在一定程度上，诉讼是一个“劳民伤财”“有害和气”的过程，但是，当真的要面对诉讼时，也不用恐惧，法律制度的设计是以公平、合理为价值追求的，要获得法律的保护，最好对相关规则有所了解。

民事诉讼法、行政诉讼法、刑事诉讼法作为我国的三大诉讼法，各自要解决的实体问题的性质不同，刑事诉讼法所要解决的是刑事被告人是否犯罪及其应否负刑事责任的问题，民事诉讼法所要解决的是当事人之间民事权利义务的纠纷与争议的问题，行政诉讼法所要解决的是维护和监督行政机关依法行政，保护公民、法人和其他组织的合法权益问题。

三大诉讼法同是程序法，所以，在三大诉讼法中规定的许多诉讼原则、制度和程序都是相同的。例如，公开审判、两审终审、使用本民族语言文字进行诉讼、审判监督程序等。但是，三大诉讼法在任务、目的上的差异，使得它们在诉讼原则、制度和程序方面又有许多不同。如在证据制度上，证明责任的划分、证明标准的要求都有一定的差异；在回避制度上，回避人员、回避事由都有所不同。

公民因婚姻家庭纠纷，或者公民、法人、其他组织因其合法权益受到侵害或者与他人发生财产权益争议，可以向人民法院提起民事诉讼；公民、法人或者其他组织对行政机关的具体行政行为不服，可以向人民法院提起行政诉讼；公民对某些类型的刑事案件可以向人民法院提起刑事自诉。如果公民被起诉的，为了维护自身的合法权益，也应当依法应诉。因此，本篇通过案例分析的形式对公民所享有的诉讼权利、民事诉讼的地域管辖，行政诉讼的受案范围等问题进行了阐述，希望能帮助读者对三大诉讼的程序有一个大致的了解。

一、民事诉讼

案例1：仲裁协议合法有效时，法院不得受理起诉

——某健身器材公司诉某健身房购销合同纠纷案

案 情

某健身房与某健身器材公司签订了一份购销合同。合同中的仲裁条款规定："因履行合同发生的争议，由双方协商解决；无法协商解决的，由某市仲裁委员会仲裁。"后双方发生争议，某健身房向其所在地的某市仲裁委员会递交了仲裁申请书，事后某健身器材公司担心某市仲裁委员会实行地方保护主义，偏袒某健身房，遂向合同履行地人民法院提起诉讼，且起诉时说明此前约定了仲裁的情况。

法院认为，根据《仲裁法》第5条规定："当事人达成仲裁协议，一方向人民法院起诉的，人民法院不予受理，但仲裁协议无效的除外。"本案中，双方当事人签订的仲裁协议是有效的。因此某健身器材公司的起诉是不正确的，案件中双方的争议应该依照仲裁协议解决。

评 析

民事诉讼和仲裁是解决民事纠纷的两种常见途径。民事诉讼是指人民法院在当事人和全体诉讼参与人的参加下，依法审理和解决民事纠纷的活动。《民事诉讼法》第 3 条对该法的适用范围作了明确规定，即“人民法院受理公民之间、法人之间、其他组织之间以及他们相互之间因财产关系和人身关系提起的民事诉讼，适用本法的规定”。民事诉讼需要按照法定的程序进行，需要向有管辖权的法院起诉，遵守法定的期间和法定的举证规则，不能自己选择法官，一般情况下是公开审理和判决，实行两审终审制。

仲裁是指当事人根据他们之间订立的仲裁协议，自愿将其争议提交由仲裁机关进行裁判，并受该裁判约束的一种制度。《仲裁法》第 2 条明确了仲裁的适用范围，即“平等主体的公民、法人和其他组织之间发生的合同纠纷和其他财产权益纠纷，可以仲裁”。婚姻、收养、监护、扶养、继承纠纷以及依法应当由行政机关处理的行政争议不能仲裁。当事人采用仲裁方式解决纠纷，应当双方自愿，并达成仲裁协议。没有仲裁协议，一方申请仲裁的，仲裁委员会不予受理。

关于仲裁与民事诉讼的关系，根据《仲裁法》第 5 条规定，当事人达成仲裁协议，一方向人民法院起诉的，人民法院不予受理，但仲裁协议无效的除外。也就是说，在仲裁协议合法有效存在之前提下，法院不得受理。

案例2：被告住所地与经常居住地不一致的，由经常居住地人民法院管辖

——李某诉张某借款纠纷案

案情

张某与李某都是A区人。张某想做生意，因手头资金短缺，向朋友李某借了2万元，并立下字据。后张某生意亏本，为了生存，他在B县找了一份工作，并在单位附近租了房，将家人接过来住。之后，张某因患病住在C区的协和医院。张某住院期间，李某按照字据上的还款日期，要求张某清偿2万元借款，但张某以无钱为由拒绝了李某的要求。李某遂决定向人民法院提起诉讼，要求法院判决张某清偿借款。李某应该向哪个人民法院提起诉讼？

评析

本案涉及民事诉讼的地域管辖问题。《民事诉讼法》第21条规定："对公民提起的民事诉讼，由被告住所地人民法院管辖；被告住所地与经常居住地不一致的，由经常居住地人民法

院管辖。对法人或者其他组织提起的民事诉讼，由被告住所地人民法院管辖。同一诉讼的几个被告住所地、经常居住地在两个以上人民法院辖区的，各该人民法院都有管辖权。”根据该规定，民事诉讼的一般地域管辖实行“原告就被告”的原则，即由被告住所地人民法院管辖。根据《最高人民法院关于适用〈中华人民共和国民事诉讼法〉的解释》第 3 条、第 4 条规定，公民的住所地是指公民的户籍所在地；公民的经常居住地是指公民离开住所地至起诉时已连续居住一年以上的地方，但公民住院就医的地方除外。

一般地域管辖的“原告就被告”原则，在某些特殊情况下无法适用或者适用后将对原告、对法院极为不便。为此，《民事诉讼法》第 22 条规定了几种例外的情况由原告住所地人民法院管辖；原告的住所地与经常居住地不一致的，由原告经常居住地人民法院管辖。这些例外情况是：对不在中华人民共和国领域内居住的人提起的有关身份关系的诉讼；对下落不明或者宣告失踪的人提起的有关身份关系的诉讼；对被采取强制性教育措施的人提起的诉讼；对被监禁的人提起的诉讼。

本案中，被告张某的住所地，即其户籍所在地，为 A 区，但张某离开户籍所在地多年，长期居住在 B 县，B 县即为经常居住地，因此，李某应该向 B 县人民法院提起诉讼。

案例3：诉前财产保全，由当事人向财产所在地的人民法院申请

——甲公司申请诉前财产保全案

案　情

A县甲公司与B县乙公司签订了一份《水泥购销合同》，合同约定由甲公司向乙公司供应300吨优质水泥，乙公司在货到后付款。甲公司依约将货全部发给了乙公司，但乙公司收到水泥后屡次拖延付款。甲公司后来派人直接到乙公司要货款，发现乙公司原来是一家濒临倒闭的公司，已没有什么财产。乙公司的总经理也称公司已没有任何财产，不能偿还甲公司的货款。后来甲公司在浙江杭州市的业务友好单位丙公司告诉甲公司：乙公司在C区有一批即将出售的水泥，约150吨，甲公司遂准备申请诉前财产保全。那么，该公司应该向哪个人民法院申请，人民法院如果接受保全申请应当在什么期限内作出裁定，在什么期限内执行。

评　析

所谓诉前财产保全，是指利害关系人因情况紧急，不立即

申请财产保全将会使其合法权益受到难以弥补的损害的，可以在起诉前向人民法院申请，由人民法院所采取的一种财产保全措施。

根据《民事诉讼法》第101条规定，诉前财产保全必须具备以下条件：①必须是情况紧急，当事人来不及起诉，而义务人有恶意行为或其他原因，不采取保全措施，权利人合法权益将受到难以弥补的损害的；②必须由利害关系人向财产所在地人民法院提出申请，法院不能依职权主动采取诉前财产保全措施；③申请人必须提供担保，否则，法院驳回申请，且除特殊情况外，应当提供相当于请求保全数额的担保；④申请人将来提起案件的诉讼请求具有财产给付内容。

人民法院接受诉前财产保全申请后，必须在48小时内作出裁定；裁定采取财产保全措施的，应当立即开始执行。诉前财产保全的申请人即利害关系人必须在人民法院采取保全措施后30日内提起诉讼或申请仲裁。如果利害关系人未在30日内向人民法院起诉或向仲裁机构申请仲裁，人民法院应当解除财产保全措施。

因此，本案中，甲公司应向C区人民法院申请诉前财产保全并提供相应的担保。C区人民法院在接受申请后，必须在48小时内作出裁定，裁定采取财产保全措施的，应当立即开始执行。

二、行政诉讼

案例4：企业可以工商机关侵犯经营自主权为由提起行政诉讼

——某公司不服某市工商局不作为案

案 情

某公司成立时有5名股东，根据公司章程规定，执行董事刘某任公司法定代表人，但鉴于刘某在任职期间不履行职务，不召集并主持股东会。公司全体股东召开临时股东会，刘某拒绝出席会议，经出席会议的其他4名股东一致同意，选举贾某为新的执行董事，并形成股东会决议，后刘某签字确认。该公司申请工商行政管理局办理法定代表人变更登记，但后者拒绝予以变更。对此企业可以提起行政诉讼吗？

评 析

本案涉及的法律问题是行政诉讼的受案范围。根据《行政诉讼法》第12条规定，人民法院受理公民、法人或者其他组织提起的下列诉讼：（1）对行政拘留、暂扣或者吊销许可证和执照、责令停产停业、没收违法所得、没收非法财物、罚款、警告等行政处罚不服的；（2）对限制人身自由或者对财产的查封、扣押、冻结等行政强制措施和行政强制执行不服的；（3）申请行政许可，行政机关拒绝或者在法定期限内不予答复，或者对行政机关作出的有关行政许可的其他决定不服的；（4）对行政机关作出的关于确认土地、矿藏、水流、森林、山岭、草原、荒地、滩涂、海域等自然资源的所有权或者使用权的决定不服的；（5）对征收、征用决定及其补偿决定不服的；（6）申请行政机关履行保护人身权、财产权等合法权益的法定职责，行政机关拒绝履行或者不予答复的；（7）认为行政机关侵犯其经营自主权或者农村土地承包经营权、农村土地经营权的；（8）认为行政机关滥用行政权力排除或者限制竞争的；（9）认为行政机关违法集资、摊派费用或者违法要求履行其他义务的；（10）认为行政机关没有依法支付抚恤金、最低生活保障待遇或者社会保险待遇的；（11）认为行政机关不依法履行、未按照约定履行或者违法变更、解除政府特许经营协议、土地房屋征收补偿协议等协议的；（12）认为行政机关侵犯其他人身权、财产权等合法权益的。除前款规定外，人民法院受理法律、法规规定可以提起诉讼的其他行政案件。

经营自主权是指公司、企业在不违反国家法律的基础上所拥有的调配使用自己的人力、物力、财力，自行组织生产经营的权利。根据上述规定，公民、法人和其他组织认为行政机关侵犯法律规定的经营自主权的，可以提起行政诉讼。说明只要公民、法人和其他组织认为行政机关实施的行为干预、截留、取消、限制了法律赋予相对人的经营自主权，便可以提起行政诉讼。本案中，该公司对其法定代表人依法进行变更，工商行政管理局应当为其办理法定代表人变更登记，但其拒绝办理，侵犯了该公司的经营自主权，该公司可以依法对其提起行政诉讼。

案例5：行政诉讼被告的确定

——丁某等诉卫生防疫部门行政赔偿纠纷案

案 情

某市得知禽流感疫情危害大，卫生防疫部门专门成立一个工作小组，对禽流感疫情严防严打。某村出现了禽流感疑似病例，该工作小组对该村各鸡鸭养殖场进行排查，下令将全村所有的禽类扑杀并深埋。后来经查，该地并没有禽流感疫情，丁某等鸡鸭养殖户决定对此提起行政诉讼，可是该工作小组已经撤销，那么谁是此案的被告？

评 析

本案涉及以下两个问题：

（1）行政比例原则。行政比例原则是行政法的重要原则，是指行政主体实施行政行为应兼顾行政目标的实现和保护相对人的权益，如果行政目标的实现可能对相对人的权益造成不利影响，则这种不利影响应被限制在尽可能小的范围和限度之内，二者有适当的比例。该工作小组因该村出现禽流感疑似病例，就下令将全村的禽类宰杀，给广大养殖户带来严重经济损失，显然违反了比例原则，可以视为一种滥用职权的行为。家禽养殖户作为行政相对人，可以向法院提起行政诉讼，要求赔偿损失。

（2）行政诉讼被告的确定。《行政诉讼法》第 26 条对行政诉讼被告的确定作了明确规定："公民、法人或者其他组织直接向人民法院提起诉讼的，作出行政行为的行政机关是被告。经复议的案件，复议机关决定维持原行政行为的，作出原行政行为的行政机关和复议机关是共同被告；复议机关改变原行政行为的，复议机关是被告。复议机关在法定期限内未作出复议决定，公民、法人或者其他组织起诉原行政行为的，作出原行政行为的行政机关是被告；起诉复议机关不作为的，复议机关是被告。两个以上行政机关作出同一行政行为的，共同作出行政行为的行政机关是共同被告。行政机关委托的组织所作的行政行为，委托的行政机关是被告。行政机关被撤销或者职权变更的，继续行使其职权的行政机关是被告。"

本案中，该工作小组不是行政机关，而是卫生防疫部门派出的一个工作队，其行政责任由卫生防疫部门承担，养殖户可以卫生防疫部门为被告提起行政诉讼。

三、刑事诉讼

案例6：当事人可以申请鉴定人回避

——被害人郑某申请鉴定人回避案

案情

被告人钱某在乘坐公共汽车时，与该市某工厂职工郑某发生口角，钱某向郑某脸部连打几拳，后被其他乘客拉开。郑某感到不舒服，马上到医院就诊。经诊断，郑某左眼因外力打击，视网膜脱落。被害人郑某持医院诊断书到当地公安机关报案，公安机关决定立案侦查。侦查过程中，郑某病情仍未好转。之后，公安机关突然通知郑某做法医鉴定，担任鉴定的法医是犯罪嫌疑人钱某的老同学任某，在没有其他见证人在场的情况下，任某作出了“轻微伤”的鉴定结论，公安机关根据此鉴定结论，认为钱某的行为不构成伤害罪。被害人郑某不服，并反映钱、任二人关系密切，鉴定结论不公正，要求更换鉴定人，重新进行鉴定。公安机关根据申诉，更换了鉴定人，重新进行了鉴定。

评 析

刑事诉讼中的回避，是指依照法律规定，与所办理的刑事案件有直接的利害关系或者其他关系而可能影响对案件公正处理的侦查人员、检察人员、审判人员以及书记员、鉴定人、翻译人员等退出该案的侦查、审查起诉、审判工作，不参与该案诉讼活动的一项诉讼制度。

（1）回避适用的对象。根据《刑事诉讼法》第 29 条和第 32 条规定，回避适用的对象包括：刑事案件的审判人员（包括审判委员会委员、合议庭组成人员及独任审判员）、检察人员和侦查人员、书记员、翻译人员以及鉴定人员。

（2）回避的法定情形。我国的回避是有因回避，需要出现导致回避的法定理由，主要包括以下几种：①是本案的当事人或者是当事人近亲属的。②本人或者他的近亲属和本案有利害关系的。③担任过本案的证人、鉴定人、辩护人、诉讼代理人的。④与本案当事人有其他关系，可能影响公正处理案件的。⑤审判人员、检察人员、侦查人员等接受当事人及其委托的人的请客送礼，违反规定会见当事人及其委托人的。

（3）回避的形式。回避的形式包括自行回避、申请回避和指令回避三种。①自行回避，是指适用回避制度的人员在诉讼过程中遇有法定回避情形时，自行主动地要求退出刑事诉讼活动的制度。②申请回避，是指案件当事人及其法定代理人认为适用回避制度的人员具有法定回避情形，而向其所在的机关提出申请，要求其回避。③指令回避，是指适用回避制度的人员遇有法定的回避情形而没有自行回避，当事人及其法定代理人也没有申请其回避，法院、检察机关、公安机关等有关组织或行政机关负责人有权作出决定，令其退出诉讼活动。

案例7：有权提起自诉的主体

——徐某诉刘甲暴力干涉婚姻自由案

案 情

被告人刘甲，男，某工厂职工，其妹刘乙，为其同一厂另一车间的职工。刘乙与其同学赵某感情深厚，遂结为情侣。但其兄刘甲因嫌弃赵某配不上刘乙，当得知其妹和赵某私订终身后，严令其妹不准与赵某交往。同时刘甲欲介绍王某给刘乙，称王某在某银行工作，人品好、工作优越，经济状况很好。刘乙一口拒绝，并继续同赵某商议，二人想选定日期登记结婚，且欲瞒住其兄，不巧被正路过的刘甲的朋友金某听到，金某马上将此事告诉刘甲。刘甲遂将刘乙关在家中不准出门。邻居徐某感到不平，遂去法院起诉刘甲暴力干涉婚姻自由。但是法院却没有受理。

评　析

法院审理刑事案件，分公诉和自诉两种。公诉案件，由人民检察院代表国家向人民法院提起诉讼；自诉案件，由被害人自己或其法定代理人向人民法院提起诉讼。根据《刑事诉讼法》第210条规定，自诉案件有三类，一是告诉才处理的案件；二是被害人有证据证明的轻微刑事案件；三是被害人有证据证明对被告人侵犯自己人身、财产权利的行为应当依法追究刑事责任，而公安机关或者人民检察院不予追究被告人刑事责任的案件。

其中告诉才处理的案件，即亲告罪，是指只有被害人和其法定代理人告诉的，刑法才予处理，被害人没有告诉或者告诉后又撤回告诉的，司法机关不再追究犯罪人的刑事责任，如果已经追诉的，应当撤销案件。《最高人民法院关于适用〈中华人民共和国刑事诉讼法〉的解释》第1条规定，告诉才处理的案件包括侮辱、诽谤案；暴力干涉婚姻自由案；虐待案以及侵占案。但是，因侮辱、诽谤他人，严重危害社会秩序、国家利益；或者因暴力干涉他人婚姻自由，引起被害人死亡或者虐待家庭成员造成重伤、死亡的；或者虐待家庭成员，情节恶劣，被害人没有能力告诉，或因受到强制、威吓无法告诉的，不属告诉才处理的范围，应当依法追究犯罪人的刑事责任。同时根据《刑法》第98条规定，如果被害人因受强制、威吓无法告诉的，人民检察院和被害人的近亲属（夫、妇、父、母、子、女、同胞兄弟姊妹）也可以告诉。

本案中刘甲暴力干涉婚姻自由行为即属于亲告罪的范围，只能由被害人本人亲自告诉，如果被害人因受强制、威吓无法告诉的，人民检察院和被害人的近亲属也可以告诉。徐某只是被害人的邻居而已，而非其近亲属，没有告诉的资格。因此，法院不予受理是正确的。

图书在版编目（CIP）数据

“八五”普法案例教程／法规应用研究中心编；韩璐玮，王紫晶，王熹著．—北京：中国法制出版社，2021.8（2023.3 重印）

ISBN 978-7-5216-1990-4

Ⅰ．①八… Ⅱ．①法…②韩…③王…④王… Ⅲ．①法律-中国-通俗读物 Ⅳ．①D920.5

中国版本图书馆 CIP 数据核字（2021）第 120183 号

责任编辑：吕静云　　封面设计：杨泽江

“八五”普法案例教程

“BAWU” PUFA ANLI JIAOCHENG

编者/法规应用研究中心

著者/韩璐玮，王紫晶，王熹

经销/新华书店

印刷/三河市紫恒印装有限公司

开本/880 毫米×1230 毫米　32 开　　印张/11.75　字数/188 千

版次/2021 年 8 月第 1 版　　2023 年 3 月第 4 次印刷

中国法制出版社出版

书号 ISBN 978-7-5216-1990-4　　定价：36.00 元

北京市西城区西便门西里甲 16 号西便门办公区

邮政编码 100053　　传真：010-63141852

网址：http：//www.zgfzs.com　　编辑部电话：010-63141781

市场营销部电话：010-63141612　　印务部电话：010-63141606